GERD LUDWIG

Zwei Katzen im Haus

Doppeltes Katzenglück

FOTOS: MONIKA WEGLER

WHISKAS®

Inhalt

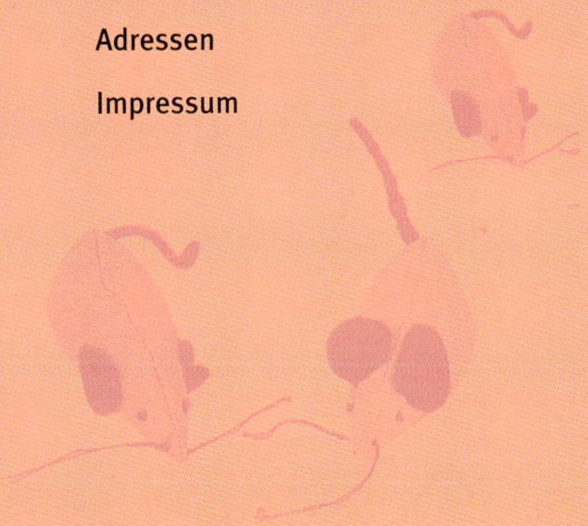

Määao
Määäao
ouMää
Määao

Warum **zwei** Katzen **glücklicher** sind

Katzen sind Einzelgänger. Katzen gehen anderen Katzen aus dem Weg. Katzen sind eifersüchtig auf jeden, der ihrem Menschen zu nahe kommt. Gar nicht wahr: Katzen machen Katzen glücklich. Nur anfangs braucht's etwas Nachhilfe. Aber dafür sind Sie ja da.

Familienbande

Von allen Katzen, den wilden und den zahmen, den großen und den kleinen, galt lange nur der Löwe als „gesellschaftsfähig“. Löwen leben in einem stabilen Sozialgefüge und gehen sogar gemeinsam auf die Jagd. Allen anderen Arten unterstellte man eine einzelgängerische Lebensweise. Doch je genauer die Verhaltensforscher den Katzen auf die Pfoten schauten, desto brüchiger wurde die Theorie von den überzeugten Solisten. Besonders interessant ist natürlich die Frage, wie es die Falbkatze, Urmutter unserer Hauskatze, mit der Geselligkeit hält. Einschlägige Untersuchungen stehen noch aus, das Sozialleben der schönen Afrikanerin ist leider immer noch ein weißer Fleck im weltumspannenden Reich der wilden Katzen.

Für die Liebe ist es nie zu spät

Das konnten sie nicht machen! Amanda war indigniert. Seit zwölf Jahren gehörten Haus und Familie ihr. Und jetzt kam da ein rotzfrecher junger Hüpfer. Aber lustig und charmant war er doch. Was der alles anstellte! Nun gut, sie würde sich die Sache überlegen.

Einzelgänger mit sozialer Ader

Die Katze war nie dem Menschen untertan wie andere Haus- und Nutztiere. Sie ist die Partnerschaft mit uns aus freien Stücken eingegangen. Und brachte dabei auch das Kunststück fertig, sich unterschiedlichsten Lebensbedingungen anzupassen und eine

Vielzahl neuer Gesellschaftsformen zu entwickeln, gleichzeitig aber ihre Unabhängigkeit zu wahren. Den ererbten Status der Einzelgängerin hat sie dabei nicht vollends aufgegeben – bei der Inspektionsrunde durchs Revier beispielsweise ist Begleitung unerwünscht. Ansonsten aber haben Hauskatzen die soziale Verträglichkeit entdeckt. Was weit mehr bedeutet als nur Waffenstillstand oder Burgfrieden. Wie jeder bestätigen kann, der die innige Zuneigung erleben darf, die zwei miteinander vertraute Katzen verbindet.
Natürlich würde eine Katze eher aufs Lieblingsfutter verzichten, als einzugestehen, dass sie ohne die andere nicht kann. Braucht sie auch nicht, die engumschlungene Siesta im Katzenkorb, die hingebungsvolle gegenseitige Fellpflege und die gemeinsamen „Fernsehstunden" auf der Fensterbank sind Beleg genug.

Teamgeist und geheime Bruderschaft

Die gesellschaftliche Wandlungsfähigkeit der Katze ist enorm. Dabei wird die soziale Verträglichkeit vornehmlich von Häufigkeit und Intensität ihrer Kontakte zu den Artgenossen geprägt. Normalerweise solo lebende Tiere reagieren bei Begegnungen zurückhaltend-scheu bis abwehrend-aggressiv – je nach Naturell. Bei hoher Katzendichte kann man sich solche eigenbrötlerischen Animositäten nicht erlauben.
Müssen sich mehrere Katzen ein Territorium teilen, akzeptiert man auch die Jagdaktivitäten der anderen, geht sich allerdings meist aus dem Weg. Bei Bauernhofkatzen eine häufig zu beobachtende Praxis.
In Bereichen extremer Populationsdichte, auf kleinen Inseln etwa oder in Fischerhäfen, demonstrieren freilebende oder streunende Katzen eine weitere, zunächst verblüffende Form des Miteinanders: Sie schließen sich zu Gruppen mit fester Sozialstruktur zusammen. Und sind sich offensichtlich der Vorteile ihrer gemeinsamen Sache bewusst: mehr Erfolg bei den Beute-

Nicht ohne meinen Bruder! Katzenkinder brauchen die Nähe der Geschwister.

zügen, bessere Verteidigungschancen, kein Konkurrieren der Kater um die Weibchen, gegenseitige Hilfe beim Nachwuchs („Tantensystem"). Passives Dulden der Artgenossen weicht schließlich aktiver Gemeinschaftsarbeit.

Zu den ewigen Rätseln im Leben der Katzen gehören ihre geheimen nächtlichen Treffen, meist irgendwo auf unzugänglichen Dächern oder in vergessenen Hinterhöfen. Katzen aller Altersklassen, verschiedenster Herkunft und Rasse, vorzugsweise Kater, sitzen friedlich und augenscheinlich völlig relaxed beieinander. Irgendwann löst sich der stille Spuk wie von selbst auf, und alle Katzen gehen wieder ihrer Wege.

Solo geht in Ordnung, doch Partnerschaft ist schöner.

Zeit zum Kennenlernen

Von Herkunft und Verhaltensinventar bringt jede Katze die Bereitschaft zur Koexistenz mit. Wunder dauern aber auch im Katzenland etwas länger. Auf die große gegenseitige Liebe darf man hoffen, erwarten sollte man sie in den ersten Wochen nicht. Speziell dann nicht, wenn alteingesessene Katzen mit Newcomern vergesellschaftet werden. Zu viel

Wer passt zu wem?

Nicht jeder entscheidet sich von Anfang an für zwei Katzen. Oft lebt schon eine im Haus, wenn der Wunsch nach der zweiten aufkommt. Abhängig von Geschlecht, Alter und Temperament sind die Hürden auf dem Weg zur Harmonie unterschiedlich hoch. Selten jedoch unüberwindlich, nur manchmal braucht es etwas mehr Anlauf.

Kommt neu dazu	**Bereits im Haus**			
	Junge Kätzin*	**Junger Kater***	**Erwachsene Kätzin**	**Erwachsener Kater**
Junge Kätzin*	Problemlos, als Erwachsene gehen beide evtl. stärker auf Distanz.	Ideal, meist wird es eine Freundschaft fürs Leben. Kastration wichtig.	Häufig heftige Abwehr der Älteren, klappt nur mit sehr viel Zuwendung.	Probleme gibt es nur selten. Manchmal reagiert der Kater gleichgültig.
Junger Kater*	Fast immer sind die beiden nach kurzer Zeit ein Herz und eine Seele.	In der Jugendzeit ideal, später geht jeder z. T. seiner eigenen Wege.	Abwehr der Älteren, aber weniger heftig als bei einer jungen Kätzin.	Junge Katerchen werden akzeptiert, Halbwüchsige evtl. Konkurrenz.
Erwachsene Kätzin	Die Neue erklärt die Wohnung zu ihrem Revier. Junge Katze braucht Schutz.	Kätzin gibt sofort den Ton an, duldet Katerchen aber nach kurzer Zeit.	Extrem schwierig. Geht nur dann gut, wenn eine der beiden klein beigibt.	Ausgang offen: Es kann Liebe sein, aber auch ständig Hiebe geben.
Erwachsener Kater	Der Kater ist der Boss. Und wird oft zum Beschützer der kleinen Katze.	Sehr junge Kater werden akzeptiert, Halbwüchsige sind oft Konkurrenz.	Fast immer wehrt sich die Kätzin mit allen Mitteln gegen den Eindringling.	Eine Frage des Naturells: Gutmütige Kater kommen klar, andere meiden sich.

* Noch nicht geschlechtsreife Jungkatzen. Geschlechtsreife bei der Kätzin zwischen 7. bis 9. Lebensmonat, beim Kater zwischen 8. bis 11. Monat.
Bei einer Vergesellschaftung spielen Charakter, Temperament und Aktivität der Tiere eine entscheidende Rolle. So kann es durchaus passieren, dass sich zwei erwachsene Kätzinnen auf Anhieb verstehen, obwohl diese Kombination normalerweise als sehr schwierig gilt.

steht für die bisherigen Hüter des Hauses auf dem Spiel: Da drohen Verlust an Zuwendung, Schmälerung der Privatsphäre, vielleicht gar hierarchischer Abstieg. So markiert vehemente Ablehnung mit jedem verfügbaren Mittel – inklusive handgreiflicher Zurechtweisung – den Beginn der neuen Zweierbeziehung. Dem folgt häufig eine Phase beleidigter Ablehnung. Zeigen sich irgendwann erste Anzeichen stiller Duldung, ist das Schlimmste überstanden. Schließlich beschnuppert man sich, ohne die Nase zu rümpfen und die Ohren anzulegen, tauscht ein paar Höflichkeiten aus und verabredet sich zum ersten Spielchen. Das Eis ist gebrochen. Und schon bald sind die beiden ein Herz und eine Seele.

Von Langeweile keine Spur

Auch wenn anfangs gefaucht, gekratzt und die beleidigte Leberwurst gespielt wird, langweilig ist es für und mit zwei Katzen vom ersten Tag an nicht. Besonders bei älteren Katzen, die sich unvermutet mit einem Katzenkind konfrontiert sehen, ist der Wandel unübersehbar. Eigentlich hatte man sich schon damit abgefunden, dass die Seniorin nur noch wenig Interesse an ihrer Umwelt zeigte, kaum mehr das Revier inspizierte und den Tag verschlief. Und nun das: Hellwach beobachtet sie jeden Schritt der kleinen Katze, legt lautstark Protest ein, ist plötzlich wieder völlig verschmust und galoppiert wie eine Junge durch die Wohnung. Sind die Berührungsängste verschwunden, lässt sich selbst eine alte Katze von ihrem neuen Partner erstaunlich bereitwillig zu tausend Aktivitäten verführen, die ihr allein nie und nimmer in den Sinn gekommen wären. Spätestens jetzt hat sie den kleinen Kerl ins Herz geschlossen und ihn an Kindes statt angenommen.

Tipp

So erkennt man den Charakter. Schon in der Wurfkiste verraten Katzenkinder, was aus ihnen später einmal wird: Aktive, selbstbewusste Kätzchen, die ständig auf Tour gehen, geben auch später meist den Ton an, scheue Jungtiere (vor allem Weibchen) sind als erwachsene Katzen sanft und verschmust.

Doppelte Freude...

Haben Sie schon einmal miterlebt, wie hingebungsvoll zwei Katzen miteinander spielen und wie herzhaft sie sich balgen? Spätestens dann erkennt man, dass Katze Katze braucht, weil Mensch ihr das nicht alles bieten kann. Die Befürchtung, dass die beiden sich selbst genug sind und ihre Beziehung zu Ihnen abkühlt, ist absolut unbegründet: Der Mensch als Oberkatze bleibt unangefochten die Nummer eins im Katzenland, gleichgültig ob das von zwei, fünf oder zwanzig Katzen bevölkert wird. Er darf die Futterdosen öffnen, aber er ist eben doch viel mehr als der Dosenöffner. Zwei machen mehr Arbeit als eine, zwei fordern auch mehr Verantwortung.

Bei Licht besehen hält sich der Arbeitsaufwand in Grenzen: Gefüttert wird gleichzeitig, den Termin beim Tierarzt bucht man im Doppelpack und eine Wurmkur für zwei kostet kaum zusätzliche Zeit. Pflege und Zuwendung allerdings verlangen doppelten Einsatz. Spielen zu dritt ist noch genehmigt, beim Schmusen jedoch wacht jede Katze eifersüchtig darüber, dass sie den Menschen für sich allein hat.

Die Pflege von Kurzhaarkatzen fällt nicht ins Gewicht, bei der täglichen Intensivkur von Lang- und Halblanghaarrassen sieht das anders aus.

Keinen Rabatt gibt es bei den Finanzen: doppeltes Honorar für den Tierarzt, doppelte Futterkosten, zweimal Grundausstattung (Schlafkörbe, Futternäpfe, Katzentoiletten). Nur Kratzbaum und Spielzeug teilen sich die beiden bereitwillig. Und auch der Catsitter fordert keinen Aufschlag, wenn er zwei Katzen versorgt.

Sind alle Katzen gesellschaftsfähig?

Bei den Rassekatzen ist es Züchterziel, unverwechselbare Rassetypen mit bestimmten Körper- und Wesensmerkmalen zu definieren. Unabhängig von anderen Kriterien der Vergesellschaftung (→ Tabelle Seite 9) sollte man nicht Feuer und Eis zusammenbringen. Der hyperaktive junge Siamkater ist nur bedingt der richtige Partner einer bedächtigen älteren Perserdame, die freche Balinesin überfordert vielleicht eine sanftmütige Somali. Stopp für Neuzugänge heißt es in jedem Falle bei Katzenmüttern vor und während der ersten Wochen nach der Geburt sowie bei kranken oder gehandikapten Tieren.

Tigerlilly, Rote Cora, Black and White. Jede Katze ist eine eigenständige Persönlichkeit.

Rassekatzen im Partnertest

Rassekatzen: attrakiv und anmutig, edel und exotisch, aber auch anspruchsvoll und eigenwillig. Im schönen Pelz steckt immer eine selbstbewusste Persönlichkeit, die weiß, was sie will. Testen Sie vor dem Kauf der zweiten Katze, ob Ihrer Siam, Birma oder Bengal der Sinn nach Partnerschaft steht.

Sooo Schön!

Somali & Bengal

Die Somali ist eine Abessinier im Langhaarkleid, intelligent, verspielt und auf den Menschen bezogen. Ein wenig Eifersucht kann bei ihr im Spiel sein, wenn eine neue Katze ins Haus kommt. Die Bengalkatze ist besonders sanft und umgänglich. Ihr Tüpfelfell erinnert an das von Wildkatzen.

Balikatze & Birma

Den schlanken Körper und langen Kopf hat sie von der Siam, mit Langhaarfell und leiserem Wesen beweist die Balikatze (Balinese) ihr Eigenständigkeit. Die Birma erkennt man auf Anhieb an ihren weißen Pfoten, den rassetypischen „Handschuhen“. Besonders anpassungsfähig und umgänglich.

Entspannung

Perser

Eine Perser liebt es sanft und beschaulich, so schnell bringt sie nichts aus der Ruhe und mit Zank und Gezeter hat sie wenig im Sinn. Beste Karten für eine neue Katze im Haus. Anspruchsvoll ist die Perserkatze nur in der Pflege: Tägliches Kämmen und Bürsten des Langhaarfells ist Pflicht.

Maine Coon

Sie sind die Riesen im Rassekatzenland: Stolze 10 Kilo kann der Kater der Maine Coon auf die Waage bringen. Im Umgang mit Mensch, Katze und Hund zeigen sich die liebenswerten Spätentwickler mit dem üppigen Pelz und dem buschigen Schwanz freundlich und sanftmütig.

Abessinier & Siam

Für ihren Lieblingsmenschen tut die Abessinier alles, Fremden gegenüber bleibt sie auf Distanz: die schöne Edelkatze fordert ungeteilte Zuwendung. Nicht anders die Siam: Das quirlige Energiebündel ist ein absoluter Fall für Katzenkenner. Und akzeptiert nur selten eine zweite Katze neben sich.

Britisch Kurzhaar Blau

Leuchtend gelborange bis kupferfarbene Augen und ein blaugraues Plüschfell: Das kann nur eine Britisch Kurzhaar Blau sein. Die stämmige Rassekatze ist wie der ganze Britisch-Kurzhaar-Clan besonders liebevoll und anhänglich. Mit anderen Katzen schließt sie schnell Freundschaft.

mach mal Pause!

iaa
aoo
uu

Wie zwei Katzen zusammenkommen

Erwachsene Katzen reagieren beleidigt oder aggressiv, wenn ihnen eine neue Katze vor die Nase gesetzt wird. Das muss aber nicht sein: Die richtige Partnerwahl, ein Vertrauenskurs und behutsame Eingewöhnung sichern die Harmonie von Anfang an.

Start ins doppelte Glück

Mit Grundkenntnissen über die kätzischen Verhaltensweisen, ein bisschen Planung und viel Geduld erleichtern Sie sich und Ihren beiden Katzen den Start in die neue Lebensgemeinschaft.

➤ Was wissen Sie vom Verhalten der Katze? Erfahrung im Umgang mit Katzen zahlt sich aus, wenn eine Katze ins Haus kommt. Neulinge sollten sich vorher schlau machen. Wissen über Verhalten, Haltung und Pflege von Katzen liefert die Literatur (→ Seite 78), praxisnahen Anschauungsunterricht gibt es bei Katzenbesitzern im Freundeskreis oder in der Nachbarschaft. So lernen Sie Katzen verstehen und vermeiden Missverständnisse.

➤ Wie viel Zeit können Sie Katzen widmen? Zeit für Zärtlichkeit und Spiel müssen Sie fest einplanen – bei zwei Katzen mehr als bei einer, weil jede ihren Menschen auch allein beansprucht.

➤ Passen Katzen in Ihr Leben? Katzen mögen Pünktlichkeit und Zuverlässigkeit und hassen Überraschungen und Vergesslichkeit. Sie nehmen es übel, wenn ihr Mensch nicht zur vereinbarten Zeit nach Hause kommt. Bei zwei Katzen nehmen beide übel, da ist die eine der anderen kein

Kleines Kätzchen, großer Kater

Spielen wollte er nicht mit ihr. Jedenfalls hatte der große Kater missbilligend geblickt, als Minka ihn dazu aufforderte. Aber er ließ sie von seinem Futter naschen und als sie in seinem Korb schlief, suchte er sich ohne Murren einen anderen Platz. War er nicht nett?

Neugier auf vier Pfoten: Was immer neu ist, wird inspiziert.

Trost. Denn – so erstaunlich es klingt – einer Katze Ist der Mensch wichtiger als die Artgenossin. Wer schon vor dem Katzenkauf weiß, dass er für konstante Häuslichkeit nicht geschaffen ist, sollte sich Ärger und Protest ersparen und auf Katzen verzichten.

➤ Wie viel Katze ertragen Sie? Nicht alles, was Katzen machen und Katzen mögen, findet unseren Beifall. Wegschauen hilft auf Dauer nicht. Ehrlicher ist das Eingeständnis, damit nicht leben zu können. Katzen haaren: reine Wohnungstiger meist mehr, Katzen mit Freilauf weniger. Katzen schärfen ihre Krallen: Manche akzeptieren den Kratzbaum, andere lassen partout nicht von Sofa und Teppich.

Katzen können nerven und ein erstaunliches Beharrungsvermögen entwickeln, um ihren Willen durchzusetzen: Eine will zum Beispiel ständig rein und raus, die andere verweigert plötzlich das Futter, die dritte bettelt ununterbrochen.

Vertrauenskurs

Um zwei Katzen aneinander zu gewöhnen, müssen Sie das Vertrauen der beiden besitzen. Mit dem Vertrauenskurs nehmen Sie der neuen Katze die Furcht vor fremden Menschen und fremder Umgebung.

Verständnis. Lassen Sie der neuen Katze Zeit, sich zurechtzufinden. Zerren Sie sie nicht unter Bett oder Schrank hervor, wenn sie sich dort versteckt.

Leise Töne. Sprechen Sie die neue Katze mit leiser Stimme an, vermeiden Sie hektische und plötzliche Bewegungen. Gehen Sie dabei in die Hocke oder auf die Knie – solange Sie der Katze fremd sind, wirken Sie im Stehen bedrohlich.

Nicht die schon wieder! Manchmal kann zuviel Nähe nerven.

Rücksicht. Stören Sie die Katze nicht beim Schlafen, Essen und auf der Toilette.
Zurückhaltung. Drängen Sie ihr keine Streicheleinheiten auf. Warten Sie, bis sie von sich aus Bereitschaft signalisiert.
Zuverlässigkeit. Katzen lieben einen geregelten Tagesablauf (feste Fütterungszeiten, pünktliche Heimkehr aus dem Büro).
Konsequenz. Machen Sie von Anfang an keine Zugeständnisse, wenn sie bettelt, im Bett schlafen will oder auf dem Tisch sitzt. Strafen Sie eine Katze nie!

Wie Sie Katzen aneinander gewöhnen

Auch wenn mehrere Katzen unter einem Dach leben, muss jede Ihrer Katzen das Gefühl haben, dass einzig und allein sie Ihr erklärter Liebling ist.

Schöner schlafen: Geht ein Traumduo gemeinsam auf Mäusejagd?

Erwachsene und junge Katze

Situation: Erwachsene Katze lebt bereits im Haus, Jungkatze kommt neu dazu.
Der erste Tag: Das Kätzchen wird in einem Zimmer untergebracht, das für die ältere Katze Sperrzone ist. Es hat hier Futter- und Wassernäpfe, Toilette, Katzenkorb oder Schlafplatz (möglichst mit Lieblingsdecke) und vertrautes Spielzeug. Anfangs ist die kleine Katze scheu, versteckt sich und verweigert vielleicht ihr Futter. Tauschen Sie das Futter aus, wenn es längere Zeit unberührt bleibt, aber drängen Sie die Katze nicht zum Essen. Versuchen Sie ihr Futterhäppchen mit dem Finger anzubieten. Sprechen Sie im ruhigen Tonfall mit ihr, und akzeptieren Sie, wenn sie sich noch nicht streicheln lässt. Die Katzen können sich auch durch die verschlossenen Türen riechen. Die ältere verhält sich anfangs meist aggressiv (Maunzen, Fauchen, Kratzen an der Tür). Reagiert das Kätzchen dadurch verängstigt, sollte die Erstkatze vorübergehend auch aus dem Nachbarzimmer verbannt werden. Meist glätten sich die Wogen nach kurzer Zeit.
Praxis Eingewöhnung: Das erste gegenseitige Beschnuppern sollte unter Ihrer Aufsicht, abseits der Privatbereiche (Ruheplatz, Futternapf) der einzelnen Katze stattfinden. Anfängliche Distanz, Nichtbeachtung, Abwehrfauchen oder Pfotenhiebe sind katzentypisch. In dieser Phase braucht die ältere Katze besonders viel Zuwendung, die Jungkatze ist meist eher an wilden Spielen als am Schmusen interessiert. Achten Sie darauf, dass vor allem

Der Katzen-Charaktertest

Wesen und Temperament entscheiden, ob Katzen miteinander klarkommen. Testen Sie hier den Charakter Ihrer Katze.

	Ja	Nein
1 Selbstbewusstsein		
Geht die Katze ohne Zögern auf Besucher und Fremde zu?	○	○
Behält sie auch in ihr unbekannten Situationen einen kühlen Kopf?	○	○
2 Kontaktbereitschaft		
Fordert die Katze Sie regelmäßig zum Streicheln auf?	○	○
Schmust sie von sich aus mit anderen Katzen oder mit Hunden?	○	○
3 Aktivität		
Animiert sie den Spielpartner zum Mitmachen?	○	○
Bleibt sie auch im wilden Spiel immer friedfertig?	○	○
4 Toleranz		
Teilt sie bereitwillig Schlafplatz und Futternapf mit einer anderen Katze?	○	○
Nimmt sie es gelassen, wenn sie von Mensch oder Katze bei der Siesta gestört wird?	○	○

Testbewertung: „Ja“ auf alle Fragen: Die Katze Ihrer Wahl wird schon bald Mensch und Tier (Katze, Hund) ins Herz schließen. Ein „Nein“ pro Rubrik: Lassen Sie der Katze Zeit, sich einzugewöhnen. Zwei „Nein“ pro Rubrik: Ängstlichkeit oder fehlende Toleranz erschweren die Vergesellschaftung mit Artgenossen.

die ältere Katze sich zurückziehen kann und nicht ständig von ihrer neuen Partnerin gestört wird.
Kätzinnen neigen stärker zur Eifersucht als Kater, die junge Katzen meist sehr schnell akzeptieren.
Problemlösung: Wenn die Eingewöhnung in Extremfällen keine Fortschritte macht, sollten Sie die ältere Katze für einige Tage ausquartieren (zum Beispiel zu Freunden). Jetzt kann die kleine Katze ungehindert ihr neues Zuhause erkunden und sich mit der Familie anfreunden. Kehrt die Erstkatze zurück, begegnet ihr die junge viel selbstbewusster.

Zwei erwachsene Katzen

Situation: Erwachsene Katze kommt in eine Wohnung, in der bereits eine erwachsene Katze lebt. Problematische Vergesellschaftung, da beide Tiere bestimmte Ansprüche und Verhaltensweisen in die „Ehe“ mitbringen. Erfolgversprechendste Kombination: Kätzin kommt zu Kater. Schwieriger wird es, wenn ein Kater zur Kätzin kommt, besonders viel Erfahrung verlangt die Eingewöhnung zweier Katzendamen. Bei der Konstellation Kater und Kater hängt der Erfolg sehr vom Naturell der Tiere ab: Kriegserklärungen sind selten, in der Regel akzeptieren oder dulden sich Kater gegen-

seitig. Wichtig in allen Fällen: Je besser Sie das Vorleben einer neuen Katze kennen, desto leichter läuft es meist in der Startphase.

Der erste Tag: Bringen Sie die beiden getrennt unter (bei Problemfällen über mehrere Tage). Beschwichtigen Sie die Erstkatze durch Beschäftigungsangebote und viel Zuwendung. Das vermeidet häufig auch Protestreaktionen (Unsauberkeit, Aggressivität, Futterverweigerung). Achtung! Erstkatzen, die sich vernachlässigt fühlen, können zum Streunen neigen und längere Zeit von zu Hause wegbleiben. In dieser Phase die Katze stets erst nach Rückkehr von ihrem Auslauf füttern.

Praxis Eingewöhnung: Die ersten Begegnungen der Katzen sollte unter Ihrer Aufsicht stattfinden. Bieten Sie beiden Katzen die Möglichkeit zum Rückzug an. Füttern Sie sie anfangs getrennt (eventuell sogar in verschiedenen Zimmern). Sorgen Sie für eine doppelte Grundausstattung wie Näpfe, Toiletten, Schlafplätze. Oft ordnet sich eine Katze freiwillig unter. Achten Sie dann aber unbedingt darauf, dass sie am Futternapf und beim gemeinsamen Spiel nicht zu kurz kommt.

Kleine Katze, fremdes Haus: alles aufregend und ein bisschen Angst dazu.

Um Eifersucht zu vermeiden, gibt es Streicheleinheiten immer nur, wenn die zweite Katze nicht dabei ist.

Problemlösung: Zwei selbstbewusste Katzendamen machen sich das Leben oft ganz besonders schwer. Die große Liebe stellt sich nicht immer ein. Kommt es jedoch zu einem Waffenstillstand, ist schon viel gewonnen.

Damit sich die beiden in den ersten Wochen aus dem Weg gehen können, sollten ihre Privatbereiche strikt getrennt werden. Die Situation wird erleichtert, wenn beide Auslauf haben. Versuchen Sie mit kleinen Spielangeboten immer wieder, das Eis zu brechen. Zum Beispiel mit einer Angel, an der ein Fellmäuschen hängt. Im eifrigen „Kampf“ um die „Beute“ vergessen die beiden vielleicht ihr Antipathie.

Hinweis: Kater sollten grundsätzlich kastriert werden. Die Kastration stoppt unerwünschten Nachwuchs (der auch bei Bruder und Schwester möglich ist), verhindert das Markieren in der Wohnung und macht Raufbolde friedfertiger. Auch Kätzinnen, die Auslauf haben, sollten unbedingt kastriert werden.

1 Ich sehe jemanden, den du nicht siehst! Aber wer kann das sein?

2 Irgendwie kenne ich ihn, da bin ich sicher. Und mein Bruder schläft!

3 Jetzt habe ich's – aber das darf doch nicht sein: Bei uns in der Wohnung!

4 Bitte, bitte, schau nicht hin! Es ist der vorlaute Rehpinscher vom Nachbarn!

Zwei Kätzchen

Situation: Zwei Katzenkinder kommen ins Haus oder eine halbwüchsige Katze wird mit einem Kätzchen vergesellschaftet.

Tipp

Inspektion beim Tierarzt. Gehen Sie mit Kätzchen und mit Katzen, deren Vorgeschichte nicht bekannt ist (Bauernhoftiere, Streuner), sofort zum Tierarzt. Er kontrolliert den Allgemeinzustand, entwurmt und impft die Katzen. Am schonendsten und sichersten transportieren Sie die Tiere in einer stabilen Transportbox (→ Foto, Seite 22).

Erster Tag: Bei zwei jungen Katzen muss der Mensch kaum eingreifen. Die beiden sozialisieren sich gegenseitig. Ideal und völlig unproblematisch sind Geschwister eines Wurfs, zum Beispiel Bruder und Schwester. Auch halbwüchsige, noch nicht geschlechtsreife Katzen akzeptieren Kätzchen meist sofort.

Praxis Eingewöhnung: Beide Katzen haben ihre Privatbereiche. Meist aber fressen sie aus einem Napf und schlafen gemeinsam im Katzenkorb. Das körperlich unterlegene Katzenkind behauptet sich verblüffend schnell selbst im ruppigen Kampfspiel. Hinweis: Lassen Sie die Katzen zu Beginn der Geschlechtsreife unbedingt kastrieren. Verwandtschaft schützt nämlich nicht vor Nachwuchs.

Was zwei Katzen brauchen

Ein Kuschelheim, den Abenteuer-Kratz-Spiel-und-Turnplatz, das saubere Örtchen, die ganz private Napfstelle, eine stabile Reisebox, ein bisschen Grünzeug für den Magen, das Pflegeset fürs Haar, ein paar Dinge für Spaß und Spiel, mehr brauchen Katzen nicht, um sich wohl zu fühlen.

Geschäfts-stelle

Katzen**gras**

Spielplatz

Tooooor!

fit & clean

flotte Frisur

Kratzbürste

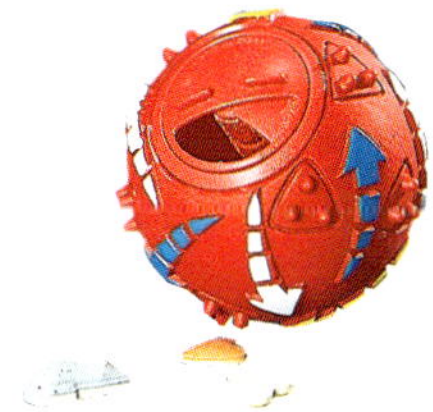

Spaßkugel

Mahlzeit!

Sweet **home**

Kling Glöckchen...

doppeltes Lottchen

Määao

Määäaou

Määao

Määao

Glücklich leben mit zwei Katzen

Das kleine Glück des Alltags macht das große Glück mit Katzen. Ein Glück der einfachen Dinge: eine katzengerechte Wohnung, die Privatsphäre für jede Katze, Spiel und Beschäftigung, behutsame Erziehung, die saubere Toilette, tägliche Gesundheitskontrolle.

Katzengerechte Wohnung

Für Ihre Katzen ist die Wohnung das Heimatrevier oder – wie es die Verhaltensforscher nennen – das Revier 1. Ordnung. Katzen mit Freilauf sind im Revier 2. Ordnung unterwegs. Das kann sich je nach Geländestruktur und Zahl der hier lebenden Artgenossen auf den Garten beschränken oder auch Hinterhöfe, Wiesen- und Waldstücke umfassen.
Ihr Heimatrevier teilen Katzen mit dem Menschen. Meist fügen sie sich bereitwillig auch in eine unveränderte Wohnlandschaft ein, zum Wohlfühlen braucht es aber ein bisschen mehr. Dazu muss der Mensch Kompromisse schließen und seinen Katzen eine eigene kleine ansprechende Katzenwelt bieten.

Wovon Katzen träumen

Das musste das Katzenparadies sein! Frauchen war immer für sie da. Selbst wenn sie am Schreibtisch saß, ließ sie sich von Molly und Moritz zum Spielen überreden. Es gab einen großen Kratzbaum und überall kuschelige Höhlen und draußen einen wunderschön wilden Garten.

Grundausstattung

Futter- und Wassernäpfe. Möglichst stabil, kippsicher und leicht zu reinigen. Empfehlenswert: Modelle aus Kunststoff, Edelstahl oder Keramik. Eine Gummimatte oder ein Gummirand am Napf verhindert das Verrutschen. Jede Katze hat ihre eigenen Näpfe – auch wenn man gerne mal im Nachbarnapf nascht.

Katzenkorb und Katzenkiste. Es muss kein Designer-Katzensofa sein, ein simpler Pappkarton mit flauschiger Decke tut es auch. Katzen lieben ruhige, zugfreie und möglichst hoch gelegene Ruheplätze. Bieten Sie Ihrem Katzenpaar mehrere Plätze zur Wahl an.

Katzentoilette. Geschäftliches erledigen Katzen ungern vor aller Augen: Der richtige Platz ist die ruhige Ecke im Bad oder Flur. Bitte Zugang immer frei halten. Kaufen Sie keine zu kleine Toilette. Ein überhöhter Rand verhindert Streu-Verlust. Manche Katzen lehnen jedoch Modelle mit Haube ab, weil sich darunter Gerüche stauen können. Machen Sie Alternativangebote, falls eine Streusorte nicht akzeptiert wird. Zwei Katzen im Haus heißt natürlich auch zwei Katzentoiletten.

Kratzbaum. Der Kratzbaum ist Spiel- und Turngerät, Liege- und Aussichtsplatz und dient dem Krallenschärfen. Kratzbäume gibt es in vielen Größen.

Transportbox. Stabil, abwaschbar und möglichst von oben zu öffnen. Unentbehrlich für Tierarztbesuch und Reise.

Pflegezubehör. Kämme (weit- und engzahnig) und Bürste zur täglichen Pflege von Lang- und Halblanghaarkatzen. Bei Kurzhaarkatzen genügt es, einmal wöchentlich abgestorbene Haare mit einer Gumminoppenbürste zu entfernen.

Spielzeug. Katzen brauchen Spiel und Beschäftigung. Am liebsten natürlich mit Ihnen. Die Spielobjekte dürfen nicht zu klein sein (Gefahr des Verschluckens). Mit Klettertau, Katzenminze-Säckchen, Bällen, Fellmaus und Kartons machen Sie Katzen glücklich (→ Seite 34).

Aussichtsplätze. Nicht nur für Wohnungskatzen ist der „Fernsehplatz“ am Fenster ein Muss. Blumen bitte wegräumen, damit beide Katzen Platz haben. Schmale Fensterbänke kann man verbreitern (Zubehör im Fachhandel erhältlich).

Balkon. Bieten Sie den Katzen Frischluft und Sonne auf dem Balkon. Aber nur, wenn ein Katzennetz die Absturzgefahr bannt (gibt es im Fachhandel).

Hängepartie: Kletterseil und Aussichtsplätze gehören zu jeder Katzenwohnung.

Wellness nach Programm: Bei Katzen wird Fellpflege groß geschrieben.

Auch Katzen haben ein Privatleben

Jede Katze sollte die Möglichkeit haben, sich vom Familienleben zurückzuziehen. Bieten Sie Ihren Katzen geeignete Liegeplätze an, und respektieren Sie ihre Ruhe- und Pflegezeiten.

Aerobic im Grünen: der Garten als idealer Fitness-Parcours.

Kuschelhöhlen. Katzen lieben Höhlen und Verstecke. Für die geborenen Jägerinnen ein biologisch sinnvolles Verhalten. Selbst nicht gesehen werden, aber alles im Blick haben, heißt das Rezept für einen erfolgversprechenden Beutefang. Fellhöhlen am Kratzbaum werden sofort in Besitz genommen, ebenso beliebt sind Umzugskartons mit Öffnung an der Schmalseite.

Hochsitze. Im Katzenleben zählt Höhe. Wer oben ist, hat den besten Überblick und alles unter Kontrolle. Das kann man bei jeder Katze mit Freilauf beobachten. Sie bezieht im Revier regelmäßig Position auf höher gelegenen Sitzwarten. Von dort sondiert sie das Terrain und hält nach vorwitzigen Artgenossen Ausschau, die in das Revier eindringen. Bieten Sie Ihren Katzen die oberste Etage im Bücherregal oder ein Plätzchen auf dem Wohnzimmerschrank an. Planen Sie Auf- und Abstiege ein, damit Bücher und Blumenvasen nicht in Gefahr geraten.

Lieblingsplätze. Was Katzen als schön und bequem ansehen, entspricht nicht unbedingt unseren Vorstellungen. Um am Nickerchen auf den harten Rippen der Heizung Gefallen zu finden, müsste man Fakir sein. Für Katzen kein Problem. Warum sie sich manchmal die unmöglichsten Plätzchen aussuchen, bleibt ihr Geheimnis. Verwehren sollte man ihnen die sonderbaren Vorlieben nicht. Übrigens gibt es keinen Streit um die besten Plätze, wenn Sie Ihren Katzen mindestens zwei, besser mehr Kuschelhöhlen und Hochsitze in der Wohnung einrichten.

Alltag mit zwei Katzen

Die tägliche Routine im Zusammenleben mit Ihren Katzen sollte Ihnen in Fleisch und Blut übergehen. Dazu gehören:

Gesundheit kontrollieren. Täglich fünf Minuten für die Gesundheit der Katze. Gesamteindruck: munter und aufmerksam? Augen: klar, ohne Ausfluss? Nase: kühl und trocken? Ohren: sauber, kein Kratzen oder Kopfschütteln? Zahnfleisch: hellrot? Fell: glänzend und sauber, kein übermäßiger Haarausfall? Haut: frei von Flecken, Rötungen und Verletzungen? Toilettenkontrolle: Kot weich und geformt, Urin ohne Blut? Appetit: normal?

Richtig füttern. Jede Katze hat ihren eigenen Futter- und Wassernapf. Gefüttert wird gleichzeitig. Getrennte Fütterung, wenn eine Katze Spezialkost (Diät, Aufbaunahrung) erhält. Nach etwa 45 Minuten Futterreste entfernen. Trockenfutter und frisches Wasser stehen immer zur Verfügung. Näpfe täglich reinigen. Angebrochenes Dosenfutter mit Plastikdeckel (im Fachhandel erhältlich) verschließen. Kühlschrankfutter eine Stunde vor Fütterung herausnehmen.

Viel Spaß im Doppelpack: Langweilig wird es mit zwei jungen Katzen im Haus garantiert nicht.

Die größten Gefahren im Haus

➤ **Kippfenster**	Katzen, die sich durch ein auf Kippe stehendes Fenster zwängen wollen, bleiben hängen und können sich nicht mehr befreien. Kippfenster-Sicherungen im Fachhandel.
➤ **Messer, Nadeln & Scheren**	Spitze und scharfe Gegenstände sofort nach Gebrauch in Schrank oder Schublade zurücklegen.
➤ **Offenes Feuer & Herd**	In der Nähe von kochendem Wasser, heißen Speisen, heißen Herdplatten haben Katzen nichts zu suchen. Eingeschaltetes Bügeleisen, brennende Kerzen und offenes Kaminfeuer nie unbeaufsichtigt lassen.
➤ **Waschmaschine**	Das offen stehende Bullauge der Waschmaschine ist eine Einladung für die Katze. Trommel-Kontrolle vor jedem Waschgang.
➤ **Ungesicherter Balkon**	Balkongeländer immer mit Katzennetzen (im Fachhandel) sichern, um Abstürze zu verhindern.
➤ **Gefährliche Substanzen**	Reinigungs-, Desinfektions- und Frostschutzmittel, Alkohol, Schädlingsbekämpfungsmittel und viele Medikamente (z. B. Aspirin) sind für Katzen lebensgefährlich.
➤ **Giftpflanzen**	Azalee, Dieffenbachie, Christrose, Weihnachtsstern und viele andere Zimmerpflanzen sind für Katzen giftig. Erkundigen Sie sich beim Kauf, ob die Pflanze gefährlich ist.

Toiletten reinigen. Zwei Katzentoiletten für zwei Katzen. Regelmäßige Kontrolle und Säuberung sind wichtig. Einmal pro Woche Grundreinigung der Toilette mit heißem Wasser (ohne Desinfektionsmittel).

Schmusen, Spielen und Beschäftigen. Zuwendung ist für Katzen so wichtig wie das tägliche Futter. Dabei hat jede ihre eigenen Vorlieben: Die eine liebt das gemeinsame und wilde Spiel, die andere zärtliches Schmuseliegen auf Herrchens Schoß. Die gerechte Verteilung der Streicheleinheiten kann manchmal zum Balanceakt werden.

Zwei Katzen langweilen sich selten. Trotzdem sollten sie sich auch beschäftigen können, wenn sie mal allein sind.

Frieden stiften. Nicht immer herrscht im Katzenlager eitel Sonnenschein. Eine will spielen, die andere Siesta halten – und schon gibt es Zoff. Faustregel für den Katzenmenschen: Nur im Notfall eingreifen, die meisten Probleme regeln sich von allein. Als Friedensstifter sollten Sie nur dann aktiv werden, wenn elementare Rechte in Gefahr sind und beispielsweise eine der anderen den Zugang zum Futter oder zur Toilette verwehrt. Niemals die Katzen strafen, sondern versuchen, die Situation zu entschärfen (zum Beispiel durch getrennte Fütterung beziehungsweise eine zusätzliche Toilette).

Was Katzen mögen

Katzen sind außerordentlich anpassungsfähig und finden sich auch mit schwierigen Bedingungen ab. Trotzdem stellen sie ganz bestimmte Wünsche an die Partnerschaft mit dem Menschen. Dazu gehört die katzengerechte Wohnung, aber noch vieles andere mehr.

Ordnung ist das halbe Katzenleben. Wer häufig Möbel rückt, um seiner Wohnung mehr Pfiff zu geben, treibt seine Katzen in den Wahnsinn. Und darf sich auf geharnischten Protest einstellen. Katzen hassen jede Veränderung ihres Lebensraums. Nur das altvertraute Ambiente gibt ihnen Sicherheit. Was übrigens auch fürs Revier vor der Haustür gilt.

Feste Beziehung bevorzugt. Eine überschaubare Familienstruktur, die verlässliche Partnerschaft mit Singles oder Senioren – in der Katze-Mensch-Beziehung zählen Kontinuität, gleichbleibende Nähe und Intensität. Abweichungen von der Norm (Baby, neuer Lebenspartner, Verlust der Bezugsperson) verwirren Katzen und können – je nach Naturell – zu Teilnahmslosigkeit, Futterverweigerung oder Aufsässigkeit führen. Eifersucht stellt sich ein, wenn der Neuling (ob Mensch oder Tier) viel Zuwendung erfährt und die Katzen sich vernachlässigt fühlen.

Tipp

Schöner wohnen. Die perfekte Katzenwohnwelt erlaubt Bewegungen in allen drei Dimensionen. Klettertaue, kleine Treppen und Leitern machen's möglich, dass die Katze erhöhte Ruhe- und Aussichtspunkte auf Regalen erreichen kann. Laufstege an den Wänden verbinden ihre Lieblingsplätze.

Da die Beziehung einer Katze zum Menschen enger ist als ihre Bindung an die Artgenossen, sind solche Reaktionen unabhängig von der Zahl der Katzen, die unter einem Dach leben. Um „psychische Schäden" wieder zu richten, brauchen Katzen vor allem viel Geduld und Zärtlichkeit.

Verpflichtung zur Pünktlichkeit. Die „innere Uhr" der Katze geht ziemlich genau. Ein echter Katzenfreund hält deshalb die gewohnten Fütterungs-, Schmuse- und Spieltermine möglichst ein. Gelegentliche verspätete Heimkehr wird toleriert, wer aber ständig überzieht, muss Abbitte leisten oder mit Protest (zum Beispiel Unsauberkeit) rechnen. Zwei Katzen im Haus zeigen sich duldsamer als Einzeltiere.

Lieber leise und sanft. Wenn es sein muss, reagieren Katzen blitzschnell. Meist jedoch lassen sie es langsamer angehen – ohne

hektische Bewegung, ohne Hast beim Essen, ohne laute Töne (von der Paarungszeit abgesehen). Wer sich dieser bedächtigen Lebensart anpasst, hat bei seinen Katzen schon halb gewonnen.
Jede Katze hat besondere Vorlieben und Schwächen. Solange die kleinen Macken Ihnen nicht den letzten Nerv rauben, sollten Sie ihnen nachgeben. Sie sind Teil der Persönlichkeit der Katze und machen sie noch liebenswerter. Wie bei Kater Moritz, der für sein Leben gern im Nacken seines Frauchens liegt und sich als lebende Halskrause herumtragen lässt.

Ein bisschen Erziehung

„Wehret den Anfängen!“, lautet die Devise, um unerwünschte Verhaltensweisen bei Katzen zu unterbinden. Erziehungsversuche durch Appell und Dressur wie beim Hund akzeptieren Katzen nicht.
Am einfachsten verhindert man Schwierigkeiten, wenn Problemsituationen von vornherein ausgeschlossen sind. Eine Katze, für die das Schlafzimmer konsequent tabu bleibt, hat keine Sehnsucht nach dem Bett. Wer nie bei Tisch gefüttert wird, bettelt auch nicht. Wer sich nicht ungehindert an Fleisch und Wurst bedienen kann, entpuppt sich nicht als Futterdieb. Tabus, die schon für Katzenkinder gelten, werden später nicht mehr gebrochen. Verhaltensdefizite erwachsener Tiere machen mehr Kopfzerbrechen. Auch hier gilt: Problemsituation möglichst meiden. Klappt das nicht, gibt man kleine Erziehungshilfen. Beispiel Pflanzenknabbern: Wegen Vergiftungsgefahr (→ Gefahren, Seite 30) und weil angefressene Blätter keine Augenweide darstellen, sind Zimmerpflanzen für Katzen tabu. Uneinsichtige Knabberfreunde mit Wasserpistole bespritzen, gleichzeitig aber Alternative (Katzengras) anbieten. Beispiel Futterdiebstahl: Blechdosen so am Tischrand platzieren, dass sie beim Diebstahlversuch scheppernd zu Boden fallen. Grundsätzlich jedoch alles Essbare wegräumen, wenn Katzen allein im Zimmer bleiben.

Als könnten sie kein Wässerchen trüben: Auch kleine Rabauken brauchen Pausen.

Vermissen Wohnungskatzen etwas?

Selbst kleine Hunde brauchen Auslauf, regelmäßige Bewegung ist ein unbedingtes Muss der artgerechten Hundehaltung. Anders bei Katzen. Katzen sind „Bedarfsläufer“: Sie können schnell und auch über weite Strecken laufen, aber nur, wenn es nötig ist. Ansonsten spart man lieber Energie und bewegt sich eher bedächtig.
Vom Platzbedarf kommen Katzen daher auch in der Zweizimmerwohnung gut zurecht. Wichtiger als die reine Wohnfläche ist die Struktur der Katzenwohnwelt mit verschiedenen Höhlen, Nischen, Verstecken, Kletterangeboten, Hochsitzen, Liege- und Fensterplätzen. In der idealen „Katzen“-Wohnung gibt es Wärmeinseln, die Katzen können hier zwischen kühlen und warmen Plätzen wählen und eventuell sogar Frischluft auf dem Balkon tanken. Natürlich brauchen reine Wohnungskatzen ein besonders katzengerechtes Umfeld (→ Seite 28), attraktive Beschäftigungsmöglichkeiten und viel Zuwendung und Nähe ihrer Bezugspersonen. Ist das alles gegeben, muss man sich um seine Haustiger keine Sorgen machen. Nicht zuletzt, weil sie hier – anders als draußen, wo viele Gefahren lauern – sicher sind wie in Abrahams Schoß.

Das richtige Spielzeug für Katzen

- **Mausgröße bevorzugt** Alles was der Maus in Größe und Beweglichkeit ähnelt, eignet sich zum Spielen: Tischtennisball, Gummispieltier, leere Garnrolle und Stoffmaus.
- **Im Reich der Sinne** Raschelndes Papier lieben Katzen ebenso wie ein Katzenminze-Säckchen (Catnip), dessen Duft sie magisch anzieht.
- **Bewegung ist alles** Ziehen Sie eine Stoffmaus am Bindfaden von der Katze weg. Sie wird sofort hinterher stürzen. Die Katzenangel trainiert Körperbeherrschung und Auge.
- **Tasten und testen** Mit der Pfote müssen Katzen nach Kugeln und Bällen in einer Box angeln (Fachhandel), aber auch ein Schuhkarton mit Löchern erfüllt diesen Zweck.
- **Schöner spielen** Bieten Sie Ihren Katzen mehrere unterschiedliche Spielobjekte an, damit es keinen Streit ums Spielzeug gibt.

Tipp

Urlaub. Katzen gehen ungern auf Reisen. Am wohlsten fühlen sie sich in vertrauter Umgebung. Die perfekte Versorgung bietet ein Catsitter (Adressen im Telefonbuch oder über Katzenvereine), der zur Betreuung ins Haus kommt. Alternative: Freunde, Verwandte oder Nachbarn.

Spaziergang draußen

Der Streifgang durchs Revier liegt Katzen im Blut. Wenn eine Bauernhofkatze ins Haus kommt, wird sie sich kaum zur reinen Wohnungskatze bekehren lassen. Leider sind viele Reviere heute nicht mehr katzengerecht. Größe und Lage des Reviers werden von Bebauung, Hindernissen (Mauern, Zäune, Wasser), von der Katzendichte im Viertel und von Tabuzonen (etwa dem Aktionsbereich eines Hundes) bestimmt. Straßen meiden Katzen nur, wenn sie bereits unliebsame Begegnungen mit Autos hatten. Will man eine Katze von einer vielbefahrenen Straße fernhalten, gibt es zwei Möglichkeiten: konsequente Wohnungshaltung oder den Katzenzaun (Fachhandel) im Garten. Balkon und Veranda sind empfehlenswerte Alternativen. Spaziergänge an der Leine akzeptieren nur wenige Tiere.

Rechtliche Bedenken beim Auslauf gibt es nicht: Ihre Katzen dürfen ungestraft auch durch die Nachbargärten laufen. Streit am Gartenzaun lässt sich vermeiden, wenn Sie mit den Nachbarn die Probleme besprechen und sie mit Ihren Katzen vertraut machen. Giftköder wie zum Beispiel Rattengift werden heute nur noch selten ausgelegt. Erkundigen Sie sich trotzdem vorsichtshalber beim Städtischen Gartenamt beziehungsweise auf den Bauernhöfen in Ihrer Nachbarschaft nach entsprechenden Aktionen.
Thema Katzen und Vögel: Katzen stellen nachweislich keine Gefahr für die Vogelwelt dar, sie erbeuten fast ausschließlich kranke oder hilflose Tiere.

Eine Maus im Haus

Selbst Stadtkatzen bringen dann und wann Mäuse mit nach Hause. Der Nager auf der Fußmatte ist gleichsam die Morgengabe der Katze an ihren Menschen. Entsprechend sollten Sie das Mitbringsel würdigen. Lenken Sie die Katze durch Spiel oder Leckerbissen ab, bevor Sie die Maus unauffällig entsorgen. Wer im Übrigen glaubt, dass seine Katzen nach einer Extra-

Kinder an die Macht: Gemeinsam erobert man die große schöne Welt am besten.

portion Futter die Lust auf Mäuse verlieren und ihn mit weiteren Geschenken verschonen würden, hat sich getäuscht: Auch voller Magen bremst den Jagdtrieb nicht.

Spielen groß geschrieben

Für Katzen ist das Leben ein Spiel. Die meisten anderen Tiere spielen nur in der Jugend, bei Katzen ist die Lust am Spielen selbst im Seniorenalter ungebrochen. Im Spiel trainieren sie körperliche Fitness und Jagdtechnik. Katzen, die sich verstehen, spielen regelmäßig miteinander. Mit einfachen Beschäftigungsprogrammen halten Sie Ihre Katzen auf Trab und beugen Langeweile vor. Doch selbst das aufregendste Spielzeug ersetzt den Katzen nicht das gemeinsame Spiel mit dem Menschen.

Laufspiele. Vor allem junge Katzen lieben Verfolgungsspiele mit wechselnden Rollen von Jäger und Gejagten. Oft schließt sich der Jagd ein herzhaftes Kampfspiel an. Zerbrechliche Objekte (Vasen, Geschirr, Gläser) rechtzeitig aus dem Aktionsbereich der wilden Truppe bringen. Eine Wohnung der „offenen Türen" ist die richtige Arena für Laufspiele.

Klettertraining. Bestens geeignet: Kratzbaum und Kletterseil. Mit Kletterhilfen erobern Katzen aber auch Regale (Regalbrett zum gepolsterten Sitzplatz umfunktionieren) und Schränke. Kätzchen erproben ihre Kletterkünste überall. Gardinen daher in der ersten Zeit hochbinden.

Verstecken. Ein leerer Umzugskarton, in den man auch Schlupflöcher schneiden kann, eignet sich hervorragend als Versteck und bietet Knabbermöglichkeiten. Katzen schwärmen für Höhlen: Taschen, Kisten und Koffer werden regelmäßig inspiziert und oft zu Lieblingsplätzen erklärt. Im Handel gibt es spezielle, mit Sisal bespannte Spieltunnel. Vorsicht bei Plastiktüten: Die Katze kann darin ersticken.

Spiel mit dem Ball. Kleine Objekte (ideal in Mausgröße) verführen jede Katze zum Spiel. Heiß begehrt: Feder, Tischtennis- und Gummiball, Papierkugel, Stoffmaus, Holz- und Stoffstücke. Ungeeignet: Wollknäuel. In den Fäden verheddert sich die Katze und kommt ohne fremde Hilfe nicht mehr frei.

Spiel mit dem Menschen. Verfolgungs-, Ball-, Versteck- und Suchspiele machen viel mehr Spaß, wenn der Mensch Spielpartner ist. Gehen Sie auf die individuellen Vorlieben Ihrer Katzen ein. Achten Sie auf gleiche Spielanteile für jede Katze, um keine eifersüchtig zu machen. Verletzungsrisiko beim körpernahen Spiel mit jungen Katzen: Sie setzen häufig noch ihre empfindlich spitzen Krallen ein.

Müder Krieger: Ein Kätzchen schläft bis zu 18 Stunden täglich.

Wie Katzen mit uns sprechen

Katzen sind ehrliche Tiere. Sie zeigen ihre Stimmungen offen und melden alle Ansprüche unmissverständlich an. Mit zärtlichem Köpfchengeben, Pfotenstupsen, Flankenreiben und leisem Gurren sagen sie dem Menschen ihres Vertrauens: „Ich mag dich und will in deiner Nähe sein.“

Du bist so gut zu mir!

Den Körper leicht zum Buckel gekrümmt, auf steifen Beinen und mit hoch erhobenem Schwanz streift die Katze trippelnd am Bein des Menschen entlang. Die Haltung ist eindeutig, das Signal auch: Die Katze will ihrem Partner schmeicheln und bettelt um Futter oder Streicheleinheiten.

Mir geht's gut!

Katzen sind vorsichtige Tiere, die sich ungern eine Blöße geben. Ihre verletzliche Bauchseite präsentieren sie nur, wenn sie sich rundum glücklich und sicher fühlen. Die Rückenlage signalisiert dem Menschen, dass die Katze ihm völlig vertraut. So fordert sie auch zum Spielen auf.

Verzieh dich!

Lass mich in Ruhe!

Drohung als Selbstschutz: Abgeduckter Körper, angelegte Ohren, vor Erregung erweiterte Pupillen und Abwehrfauchen signalisieren, dass die Katze Angst hat und viel lieber fliehen als angreifen möchte. Drohung als letzte Warnung vor der Attacke: „Mit mir ist nicht gut Kirschen essen.“

Ich mag dich!

Ganz leise, ganz behutsam, ganz liebevoll: Mehr als jedes Miau bestärkt die federleichte und zärtliche Pfotenberührung das Band der Zuneigung zwischen einer Katze und ihrem geliebten Menschen: „Wir beide gehören für immer zusammen und niemand kann uns unsere Liebe nehmen."

Hallo, hallo!

Herzlich willkommen!

„Wie schön dich zu sehen!" Den Schwanz hoch erhoben, die Augen und Ohren auf ihr Gegenüber gerichtet, marschiert die Katze schnurstracks auf Freunde und Bekannte zu. Und lässt sie mit herzlich plapperndem Miauen wissen, wie sehr sie sich über den unverhofften Besuch freut.

Total entspannt

Lass uns schlafen!

Zum Leben in der Gruppe ist die Katze nicht geboren, aber Nähe braucht sie trotzdem: Inniger Körperkontakt mit der „Oberkatze" Mensch ist fürs Wohlbefinden des Stubentigers fast wichtiger als der gefüllte Futternapf. Und was gibt es Schöneres als ein gemeinsames Schlaf- und Schmusestündchen?

Schmusekater

Es ist Liebe!

Köpfchengeben gehört zum Standard-Verhaltensrepertoire, mit dem eine Hauskatze dem Menschen ihre Zuneigung demonstriert. Hingebungsvolles Wälzen kann als Aufforderung zum Spiel gedacht sein, bei rolligen Kätzinnen signalisiert es aber auch Paarungsbereitschaft.

grrrr
grrrgrr
grrrgrrgrrr
grrgrr

Das Einmaleins der Ernährung und Pflege

Liebe geht durch den Magen. Gesundheit aber auch. Die ausgewogene und altersspezifische Ernährung der Katze ist die Grundlage für ihre Fitness und ihr Wohlbefinden. Regelmäßige Pflege verwöhnt gleichermaßen Katzenkörper und Katzenseele.

Fitness aus dem Futternapf

Katzenfutter muss hohe Ansprüche erfüllen. Die richtige Ernährung der Katze ist von der ausgewogenen Kombination verschiedenster Nähr- und Wirkstoffe abhängig. In ihrem ganz spezifischen Nahrungsbedarf unterscheidet sich die Katze grundlegend von anderen Tieren und auch von uns. Katzen, die auf Dauer mit Tischresten oder Hundefutter ernährt werden, leiden unter erheblichen Mangelerscheinungen.

➤ Katzen brauchen viel Eiweiß, mehr als die meisten anderen Tiere, doppelt so viel wie Hunde. Speziell auf tierisches Eiweiß (aus Fleisch) können sie nicht verzichten, weil nur darin Taurin enthalten ist. Taurin ist lebenswichtig für die gesunde Entwicklung von Herz, Gehirn und Augen. Wer Katzen vegetarisch ernähren will, spielt mit ihrer Gesundheit.

➤ Katzen brauchen Vitamin A. Sie sind dabei auf tierische Nahrung mit hohem Vitamin-A-Anteil angewiesen, weil sie das Vitamin – anders als der Mensch – nicht selbst produzieren können. Eine Überdosis von Vitamin A wiederum führt zur Vergiftung, was zum Beispiel bei ausschließlicher Verfütterung von frischer Leber der Fall sein kann.

Treffpunkt Futternapf

Maja liebt es warm und kuschelig: den Tag auf dem Teppich vor dem Ofen verdösen – das ist ihr Traum. Für Moby ist es der Albtraum: Er muss unbedingt ins Freie, am besten Tag und Nacht. Bei ihren Treffen am Futternapf erzählt er der Schwester dann von seinen tausend Abenteuern.

Von schlechtem Gewissen keine Spur: Wer kann schon einer vorwitzigen Naschkatze böse sein?

➤ Katzen brauchen Kalzium und Phosphor in einem ganz bestimmten, ausgewogenen Verhältnis. Auch hier liegt ihr Bedarf deutlich höher als der des Menschen.

➤ Katzen brauchen Ballaststoffe. Unverdauliche Nahrungsbestandteile wie zum Beispiel Pflanzenfasern regen die Verdauung an und verhindern Verstopfung.

➤ Katzen brauchen fetthaltige Nahrung. Fett liefert Energie und ist für gesunde Haut und Haare wichtig. Katzen vertragen große Mengen an Fett, mehr als 25 Prozent sollte das Futter aber nicht enthalten.

➤ Katzen brauchen Kohlenhydrate. Getreide, Reis und Zucker liefern sofort verfügbare Energie. Pflanzliche Kost muss aber immer gekocht sein, damit die Katze sie verdauen kann.

➤ Katzen brauchen Mineralstoffe. Mineralstoffe sind Körperbausteine, zum Beispiel Kalzium in Knochen und Zähnen und Eisen in den roten Blutkörperchen.

➤ Katzen brauchen Wasser. Wasser ist der wichtigste Nährstoff. Frisches Wasser muss immer zur Verfügung stehen. Vor allem Katzen, die vorwiegend mit Trockenfutter ernährt werden, müssen viel trinken.

Wichtiges über Katzenfutter

Für Kätzchen und Jungkatzen ist energiereiches Aufbaufutter wichtig; ältere Katzen, die sich nicht mehr viel bewegen und eine trägere Verdauung haben, brauchen leichte, ballaststoffreiche Nahrung; für kranke, trächtige oder übergewichtige Katzen sind spezielle Schonkost- oder Diätfahrpläne nötig. Eine ausgewogene und dem individuellen Bedarf der Katze angepasste Ernährung ist problemlos und sicher mit

Tröpfchenweise: Wasserhähne ziehen viele Katzen geradezu magisch an.

Fertigfutter möglich. Heute gibt es eine breite Produktpalette spezifischer Futterkombinationen für jedes Lebensalter und für alle gesundheitlichen Indikationen.

Trocken oder feucht? Sowohl Dosen- wie Trockenfutter eignen sich als Vollnahrung. Dosenfutter hat einen höheren Wasseranteil (80 zu 10 Prozent bei Trockenfutter), Trockenfutter ist konzentrierter und energiereicher und wird daher in kleineren Rationen verfüttert. Dosenfutter deckt zum großen Teil den Wasserbedarf der Katze, bei Trockenfutter als Hauptnahrung muss die Katze viel trinken. Da das nicht immer gewährleistet ist, sollte man nicht ausschließlich Trockenfutter geben.

Was ist drin? Hochwertiges Fertigfutter enthält alle Nährstoffe, die eine Katze braucht. Rohmaterialien: Innereien, Geflügelteile, Getreide, Vitamine und Mineralstoffe. In Trockenfutter ist der Getreideanteil höher als in Dosenfutter. Über die genaue Futterzusammensetzung informiert der Packungsaufdruck.

Übrigens, keine Sorge, Ihre Katze ist durch Fertigfutter nicht BSE-gefährdet. Markenfutter-Hersteller garantieren, dass sie kein Tiermehl aus den Kadavern kranker oder verendeter Tiere verarbeiten und seit mehr als 10 Jahren keine BSE-Risikomaterialien wie Rinderhirn oder Rückenmark verwenden. Wenn Sie sich bei Ihrem Futter nicht sicher sind, informieren Sie sich direkt beim Hersteller. Bei Marken, denen Sie vertrauen können, finden Sie eine Service-Telefonnummer auf jeder Futterpackung.

Keine Knochen, kein rohes Fleisch! Knochen führen zur Verstopfung, splitternde Knochen verursachen innere Verletzungen. Rohes Fleisch kann gefährliche Krankheitserreger enthalten. Das gilt auch für angetaute und verdorbene Speisen. Tabu für Katzen: geräucherte und gewürzte Kost, Süßigkeiten und Nüsse. Rohes Eiweiß löst Haarausfall aus.

Nicht nur Fleisch. Die Maus hat alles, was Katzen brauchen: tierisches Eiweiß, Bal-

Aus die Maus: Die meisten Katzen erbeuten heute nur noch Fertigfutter.

Futter-Fahrplan

	Jungkatzen	Erwachsene Katzen
Wie oft?	bis 4./5. Monat: 4 bis 3 x täglich 6. bis 12. Monat: 3 bis 2 x täglich	2 x täglich; ab etwa 7. bis 8. Lebensjahr: 3 bis 4 x täglich
Wann?	Alle 4 (6) Stunden	morgens und abends
Was?	Junior-Katzenfutter	Premium-Katzenfutter; ab etwa 7. bis 8. Lebensjahr: Seniorenkost
Wie viel?	Befolgen Sie stets die Fütterungshinweise auf Dose oder Packung. Da Trockenfutter konzentrierter und energiereicher ist, sind die Portionen kleiner als bei Feuchtfutter. Zwischendurch-Häppchen von der Tagesfuttermenge abziehen. Wasser stets zur Verfügung stellen.	

laststoffe, Mineralien, Vitamine und pflanzliche Anteile (aus dem Mageninhalt). Hersteller von hochwertigem Fertigfutter orientieren sich an dieser „natürlichen Nährstoffkombination". Allein mit Fleisch hingegen kann eine Katze nicht gesund ernährt werden. Fleisch enthält unter anderem zu wenig Kalzium. Skelettprobleme und weitere Mangelerscheinungen sind die Folge.

Kein plötzlicher Futterwechsel. Katzen sind Gewohnheitstiere. Auch in der Ernährung. Auf abrupten Wechsel der Futtermarke reagieren sie mit Protest (zum Beispiel mit Futterverweigerung). Unterschiedliche Geschmacksrichtungen (Fisch, Thunfisch, Hühnchen) einer Marke werden jedoch meist akzeptiert.

Nicht zu kalt und nicht zu heiß. Katzenfutter muss zimmerwarm sein.

Vorsicht Milch!

Katzen lieben Milch. Eine zwiespältige Liebe, denn die meisten vertragen Kuhmilch nicht. Schuld daran ist der Milchzucker (Laktose), der bei erwachsenen Tieren häufig Durchfall auslöst. Unabhängig davon ist Milch kein Getränk, sondern ein hochwertiges Nährmittel. Der richtige

Durstlöscher für Katzen ist Wasser. Frisches Wasser muss im eigenen Napf immer bereit stehen. Spezielle Katzenmilch ist laktosereduziert und auf die besonderen Bedürfnisse der Katze abgestimmt. Damit kann man seinem Leckermäulchen ab und zu eine Freude machen.

Gewichtskontrolle

Eine gesunde, richtig ernährte Katze erkennt man am munteren Wesen, glänzenden Fell und an ihrem guten Appetit. Kontrollieren Sie trotzdem von Zeit zu Zeit ihr Gewicht. Bleibt die Katze nicht von selbst auf der Waage stehen, ermittelt man zuerst das eigene Gewicht, wiegt sich dann mit Katze auf dem Arm und zieht sein Körpergewicht von diesem Wert ab. Regelmäßige Kontrolle der Gewichtszunahme ist vor allem bei Jungkatzen wichtig. Ob Ihre Katze zu dick ist, können Sie folgendermaßen feststellen: Tasten Sie nach den Rippen Ihrer Katze. Müssen Sie kräftig drücken, um sie zu spüren, ist sie zu dick. Besprechen Sie das Problem mit Ihrem Tierarzt.

Seniorenkost

Angeln à la carte: Wo ein Leckerbissen ist, ist auch ein Weg.

Mit sieben oder acht Jahren stellen sich bei Katzen die ersten Altersanzeichen ein: Die Beweglichkeit lässt nach, die Augen werden schwächer, das Ruhebürfnis steigt. Ältere Tiere sind krankheitsanfälliger, die Immunabwehr ist nicht mehr so stabil wie früher, die Verdauung wird träger. In diesem Lebensabschnitt sollt man seine Katzen mit Seniorenkost füttern. Sie ist leicht verdaulich und dem geringeren Bewegungs- und Energiebedarf angepasst.

Probleme am Napf

➤ Bei Futterverweigerung zuerst auf Krankheitssymptome achten. Im Zweifelsfall den Tierarzt befragen. Wurde die Verweigerung durch Futterwechsel ausgelöst, zur gewohnten Nahrung zurückkehren. Andere Ursachen: ungeeigneter Standort des Futternapfs, Störungen beim Fressen, übermäßiges Futterangebot (bei Katzen mit Auslauf zusätzliche Fütterung durch Nachbarn), Dominanzprobleme.

➤ Jede Katze hat ihren eigenen Napf. Trotzdem kann es Probleme geben, wenn ein dominantes Tier unterlegene Artgenossen kaum oder gar nicht ans Futter lässt. Bei Katzen, die ihr Futter nur hastig hinunterschlucken können, stellen sich Magen-Darm-Beschwerden ein. Füttern Sie beide Katzen gleichzeitig und in getrennten Zimmern. Stärken Sie durch Zuwendung und Erfolgserlebnisse im Spiel das Selbstbewusstsein einer verängstigten Katze.

Katzenpflege leicht gemacht

Katzen sind reinliche Tiere. Bei der „Katzenwäsche“ entfernen sie Schmutz, Krusten, Verklebungen und Schmarotzer aus Fell, Augen und Ohren und säubern Afterbereich, Pfoten und Krallen. Hilfestellung muss der Mensch nur bei Katzen leisten, die ihr Fell nicht ausreichend pflegen können: bei Lang- und Halblanghaarkatzen, bei kranken und extrem übergewichtigen Tieren. Gewöhnt man Jungkatzen frühzeitig an die Pflegeprozedur, gibt es später keine Probleme. Die meisten Katzen genießen es, gekämmt und gebürstet zu werden. Wer seine Katzen regelmäßig pflegt, erhält sie gesund und erkennt Erkrankungen schon im Frühstadium. Vernachlässigt eine Katze ihre Körperpflege, ist das ein Symptom für ernste körperliche oder psychische Probleme.

Fell und Haut

Das Fell ist gleichsam ein Zaubermantel, der die Katze perfekt vor Kälte, Hitze und Nässe schützt. Bei gesunden Hauskatzen ist es glänzend und glatt und ohne Kahl- oder Bruchstellen (Katzenbabys und einige Katzenrassen haben eine andere Fellstruktur). Die Katzenzunge ist Waschlappen,

Pflegezubehör

- **Katzenkamm. Eng- und weitzähnige Kämme zur täglichen Pflege von Lang- und Halblanghaarrassen.**
- **Noppenbürste. Zum Ausbürsten und Entfernen abgestorbener Haare.**
- **Pflegebürste. Zur Fellpflege von Kurz- und Langhaarkatzen.**
- **Krallenzange. Krallenkürzen im Zweifelsfall dem Tierarzt überlassen.**
- **Vaseline. Zum Schutz der Pfotenballen.**
- **Reinigungstücher. Zum Säubern von Augen und Ohren. Eigenes Tuch für Afterbereich.**
- **Katzenzahnbürste und -zahnpasta. Zur regelmäßigen Zahnpflege (wird nicht von allen Katzen akzeptiert).**
- **Katzenshampoo. Zum Waschen (nur bei stark verschmutztem Fell).**

Tipp

Richtig Krallen schneiden. Können Katzen ihre Krallen nicht genügend abwetzen, müssen sie geschnitten werden, um Verletzungen durch Verhaken zu vermeiden. Lassen Sie sich die Schneidetechnik vom Tierarzt zeigen. Keinesfalls dürfen Sie ins lebende Gewebe (Blutgefäß) schneiden!

Bürste und Kamm in einem. Wo sie nicht hinkommt, hilft die Pfote aus. Der Speichel, den die Katze mit Zunge und Pfote im Fell verteilt, gibt ihm den leicht säuerlichen Geruch.

Pflegetipps. Kurzhaarkatzen brauchen kaum Pflegehilfe. Um zu verhindern, dass die Katze beim Putzen zu viele Haare verschluckt, abgestorbene Haare einmal pro Woche mit der Gumminoppenbürste entfernen. Während des Fellwechsels im Frühjahr und Herbst öfter bürsten. Katzen, die in einer gleichmäßig warmen Wohnung leben, haaren stärker als Tiere mit Auslauf und meist übers ganze Jahr hinweg. Alternativen: Balkon und unterschiedliche Temperaturzonen im Haus (zum Beispiel kühler Flur). Langhaarkatzen täglich kämmen und mindestens einmal pro Woche bürsten, um ihr Fell vor Verfilzung zu schützen. Fellknoten mit der Hand lösen. Stark verfilzte Haarpartien muss der Tierarzt unter Narkose behandeln. Wichtig: Langhaarkatzen früh an Fellpflege gewöhnen. Bei jeder Fellpflege Haut auf Rötungen, kahle Stellen, Verletzungen und Schmarotzer kontrollieren (→ Seite 61).

Augen und Ohren

Eine gesunde und gepflegte Katze hat klare Augen, saubere Ohren und eine trockene Nase.

Pflegetipps. Ausfluss und Verklebungen in den Augenwinkeln (häufig bei Perserkatzen) mit feuchtem Tuch abtupfen. Ohrschmalz nur in äußerer Ohrmuschel entfernen, Ohren niemals mit Wattestäbchen reinigen.

Die Zunge macht's: Multitalent für die perfekte Körperpflege.

After

Eine unsaubere Afterregion deutet meist auf Darmprobleme hin, ist aber auch typisch für verfettete Katzen, die sich nicht mehr richtig pflegen können.

Pflegetipps. After mit feuchtem Tuch säubern. Bei anhaltendem Durchfall oder bei Übergewicht sollten Sie unbedingt mit Ihrer Katze den Tierarzt aufsuchen.

Zähne, Krallen, Pfoten

Gesunde Zähne sind weiß, gesundes Zahnfleisch ist hellrot; die Pfotenballen müssen frei von Rissen und Verletzungen sein; übermäßig lange, nicht abgenutzte Krallen stellen ein Verletzungsrisiko für die Katze dar und müssen geschnitten werden.
Pflegetipps. Bieten Sie Ihren Katzen neben Dosenfutter regelmäßig feste Nahrung an (Trockenfutter beziehungsweise Spezialfutter, das die Zahnreinigung unterstützt), um die Bildung von Zahnbelägen zu verhindern. Starker Belag muss tierärztlich behandelt werden.
Zähneputzen beugt ebenfalls Zahnbelag vor, wird aber nur von wenigen Katzen akzeptiert. Testen Sie bereits bei jungen Katzen, ob sie sich an die Zahnpflege mit einer (speziellen) Zahnbürste (→ Foto, Seite 53) gewöhnen lassen. Im Zahnwechsel können Zahnfleischentzündungen auftreten. Entzündetes Zahnfleisch verfärbt sich dunkelrot. Spröde Pfotenballen speziell im Winter mit Vaseline schützen. Überlange Krallen gibt es meist nur bei reinen Wohnungskatzen. Kratzbaum und Kratzbrett schaffen Abhilfe. Das Krallenschneiden sollten Sie anfangs unbedingt dem Tierarzt überlassen (Tipp, → Seite 49).

Schön wie Streicheln: Gewöhnen Sie schon die junge Katze ans tägliche Bürsten.

Toilettensache

In Toilettenfragen sind Katzen heikel. Schon kleine Nachlässigkeiten und Veränderungen können Verweigerung und Protest hervorrufen.

➤ Das richtige Modell. Wählen Sie die Toilettenschale eine Nummer größer, damit die Katzen Platz zum Drehen haben. Ein überhöhter Rand verhindert, dass die Streu im Zimmer verteilt wird. Unter Modellen mit Haube halten sich Gerüche, was sensible Katzen eventuell irritieren kann. Übrigens sollte jede Ihrer Katzen eine eigene Toilette haben.

➤ Der richtige Standort. Katzen verrichten ihr Geschäft ungern vor aller Augen. Platzieren Sie die Toilette deshalb an einem stillen, zugfreien Ort wie etwa dem Flur oder dem Bad. Die Toilette muss immer zugänglich sein.

➤ Die richtige Einstreu. Nicht jede Katze akzeptiert jede Einstreu. Wechseln Sie im Zweifelsfall die Marke. Von der Art der Streu (klumpend oder nichtklumpend) hängt es ab, wie häufig Sie die Toilette (teil-)säubern müssen. Spätestens alle 14 Tage Vollreinigung mit heißem Wasser. Hin-

Geht es meinen Katzen gut?

Der tägliche kleine Gesundheitstest bei Ihren Katzen hilft, Krankheitssymptome rechtzeitig zu erkennen.

Nr.		Ja	Nein
1	**Verhalten: Sind Ihre Katzen munter, lebhaft und neugierig? Nicht apathisch oder abweisend.**	○	○
2	**Augen:Klar und offen? Ohne Ausfluss und Verklebungen?**	○	○
3	**Nase: Kühl und trocken? Ohne Ausfluss, kein Niesen.**	○	○
4	**Ohren: Sauber ohne bräunliche Beläge? Kein häufiges Kopfschütteln.**	○	○
5	**Zähne und Zahnfleisch: Weiß, ohne Belag? Zahnfleisch hellrot, ohne auffäligen Mundgeruch.**	○	○
6	**Fell: Glänzend, sauber? Nicht struppig, kein starker Haarverlust oder Haarbruch.**	○	○
7	**After: Sauber, nicht kotverschmiert?**	○	○
8	**Kot und Urin: Kot weich und geformt? Urin hell, ohne Blut.**	○	○

Schon bei einem „Nein“ sollten Sie vorsichtshalber einen Tierarzt zu Rate ziehen.

weis: Toilettenprobleme ernst nehmen. Erkennbare Schmerzen beim „Geschäft“ (heftiges Pressen mit gekrümmtem Rücken), totale Toilettenverweigerung, Durchfall oder Blut im Urin sind Krankheitsanzeichen. In jedem Fall den Tierarzt zu Rate ziehen.

Bad gefällig?

Viele Katzen spielen zwar gern mit Wasser (zum Beispiel am tropfenden Wasserhahn), lehnen Bad oder Dusche jedoch rundweg ab.
Unter normalen Umständen hält jede Katze ihr Fell penibel sauber, Baden ist nur bei extremer Verschmutzung, bei bestimmten Fell- und Hauterkrankungen oder Kontakt mit Giftstoffen nötig. Folgen Sie bei therapeutischen Bädern den Anweisungen des Tierarztes. Zwingen Sie Katzen niemals zu Vollbad oder Kopfdusche! Körperwarmes Wasser bis maximal 10 cm Höhe in Wanne oder Becken einlaufen lassen, Katze hineinstellen, Fell vorsichtig per Hand anfeuchten und Spezialshampoo aufbringen. Behutsam ausspülen (nicht abbrausen). Mit Handtuch trocken reiben, keinen Föhn benutzen. Bis Fell und Haut trocken sind, bleibt die Katze im warmen Zimmer. Das Gesicht am besten mit einem feuchten Tuch säubern.

So waschen sich Katzen

Sauberkeit ist allen Katzen ins Stammbuch geschrieben: Tägliche Rundum-Pflege versteht sich von selbst, und jeder Mahlzeit und jedem Nickerchen folgt ein Kurzwaschgang. Befreundete Katzen helfen sich gegenseitig bei der Wäsche. Der Mensch muss nur selten Pflegedienste leisten.

Pediküre

Pfotenpflege

Mit ihrer rauen Zunge säubert die Katze die Pfotenballen, reinigt die Zehenzwischenräume und entfernt Krallenreste. Das Krallenkürzen selbst jedoch ist Sache des Katzenbesitzers. Am einfachsten klappt es mit einer Krallenzange. Der Tierarzt demonstriert gern die richtige Schneidetechnik.

Messerschnitt

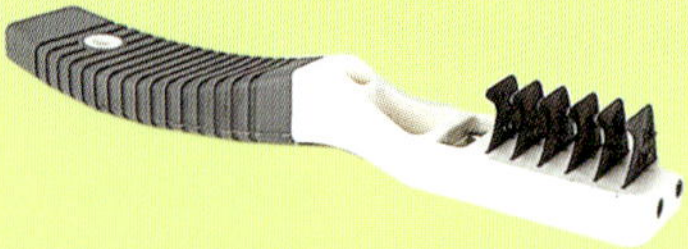

Alles fürs Fell

Langhaarkatzen brauchen täglich Hilfe bei der Fellpflege. Im ständigen Kampf gegen verfilzte Haare und Fellknoten wirkt ein Stahlmesser Wunder. Mit ihrer Zunge reinigt, wäscht und desinfiziert die Katze ihr Haarkleid, mit Hilfe ihrer Zähne entfernt sie Schmutzteilchen und lästige Parasiten.

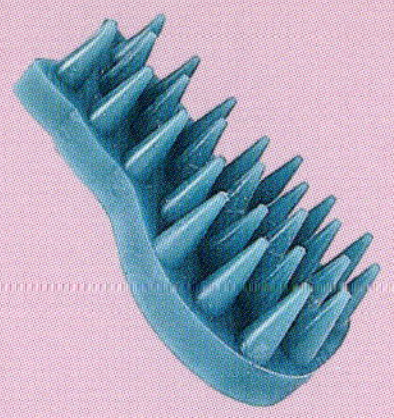

mmmhh...
Massage

Fellpflege

Katzenwäsche – das bedeutet für uns nicht unbedingt perfekte Sauberkeit. Katzen sehen das ganz anders: Die richtige Katzenwäsche ist ein zeitaufwendiges Geschäft, dem jede gesunde Katze mit Hingabe und Ausdauer nachkommt. Mit Zunge und Pfote erreicht sie dabei fast jede Stelle des Körpers.

Pflegedienst

Unter befreundeten Katzen – selbst so unterschiedlichen wie Hauskatze und Puma – gehört liebevolle Wasch- und Pflegehilfe zum guten Ton. Augentücher leisten wirkungsvolle Dienste vor allem bei Tieren, die wie zum Beispiel die Perserkatzen zu besonders starkem Tränenfluss neigen.

Abgeschminkt

Zahnbürste

Mund & Zähne

Über den Finger gestülpt wird die Mini-Zahnbürste, mit der man das Zahnfleisch massieren und der Zahnsteinbildung bei seiner Katze vorbeugen kann – vorausgesetzt, sie akzeptiert die Zahnpflege. Keine Assistenz brauchen Katzen hingegen bei der Gesichtswäsche nach dem Essen.

chrrrr
chchrr
chchrrr
chrrrrr
chrr

Fit und gesund

Gesundheit ist das wichtigste Gut. Auch für Katzen. Und es kostet weder viel Zeit noch viel Geld, um sie gesund zu erhalten. Wichtig: richtige und gewissenhafte Vorsorge, genaue Einhaltung der Impftermine, rechtzeitige Kastration und schnelle Hilfe im Notfall.

Zwei, die sich fit halten

Wo zwei Katzen sind, ist immer etwas los. Anders als Solo-Katzen, die den Tag verdösen, bis ihr Besitzer nach Hause kommt, sorgen zwei für Bewegung und Aktion. Mutter Natur hat die Katzen mit einem „Hochleistungsmotor“ ausgestattet. Der läuft jedoch meist auf Sparstufe – was Sinn macht für eine Schleichjägerin, die nur beim Sprung auf die Beute Tempo und Reaktion beweisen muss. Um Katzen Bewegung zu verordnen, muss man ihre Neugier wecken und ihren Jagdtrieb aktivieren. Als Animateur für Sport und Spiel eignet sich der Besitzer, aber auch eine zweite Katze. Die sogar oft besser, weil sie die ideale Partnerin für herzhafte Raufspiele und wilde Verfolgungsjagden ist. Zwei Katzen halten sich selbstständig fit und gesund. So unterstützen Sie das Fitnessprogramm Ihrer Katzen:

➤ Laufen, Jagen und Verfolgen. Zimmertüren offen lassen, um den Katzen große Laufstrecken zu bieten. Ausnahme: Räume, die tabu sind.

➤ Raufen und Kämpfen. Zur spielerischen Attacke starten Katzen gern von erhöhter Warte aus. Unterschiedliche Etagen und Freiplätze in Regalen und auf Stühlen sind

Tapfere kleine Katze

Sarah vertraute ihrem Frauchen. Es war sicher wichtig, dass sie ihr jeden Morgen das komische Zeug ins Auge schmierte. Anfangs hatte sich Sarah heftigst dagegen gewehrt, jetzt aber spürte sie deutlich, dass es ihr gut tat und die Augen nicht mehr ganz so stark schmerzten wie vorher.

ganz nach dem Geschmack Ihrer Katzen.

➤ Verstecken. Verstecken zählt zu den Lieblingsspielen. Mit Umzugskartons, Obstkisten, Reisetaschen oder Koffern schafft man Katzen ein kleines Paradies.

➤ Klettern. Kratzbaum und Kletterseil gehören in jede Wohnung. Klettern stärkt die Muskeln und verbessert die Bewegungsabläufe.

Tägliche Gesundheitskontrolle

Diese Symptome weisen auf Erkrankungen oder Verletzungen hin:

➤ Lustlosigkeit, Apathie oder Schreckhaftigkeit
➤ Schmerzen beim Anfassen oder Hochnehmen
➤ Taumeln oder Humpeln
➤ Nervosität, Unruhe, Aggressivität, Verkriechen
➤ Probleme beim Fressen, Futterverweigerung, wiederholtes Erbrechen
➤ Übermäßiger Durst
➤ Vernachlässigte Körperpflege
➤ Drittes Augenlid deutlich sichtbar
➤ Augenausfluss
➤ Zahnfleisch stark gerötet
➤ Mundgeruch
➤ Häufiges Kopfschütteln und Kratzen an den Ohren (bei Milbenbefall)
➤ Ständiges Kratzen (bei Flohbefall)
➤ Kahlstellen im Fell
➤ Gerötete, verkrustete, verletzte Haut
➤ Rissige oder verletzte Pfotenballen
➤ Verschmierter Afterbereich
➤ Durchfall, blutiger Urin
➤ Verstopfung

Bei Anzeichen den Tierarzt aufsuchen.

Lückenloser Impfschutz

Katzenschnupfen, Katzenseuche, Leukose, FIP und Tollwut sind die gefährlichsten Infektionskrankheiten der Katze. Nur die Impfung schützt zuverlässig vor Erkrankung. Grundimpfungen werden zwischen 9. und 12. Lebenswoche (bei FIP 16. und 20.

Eine Dehnübung schadet keinem: Katzen haben ihr eigenes Fitness-Programm.

Woche) vorgenommen. Auffrischungsimpfungen jährlich. Lückenloser Impfschutz besteht nur dann, wenn alle Impftermine eingehalten werden (→ Tabelle, rechts). Die volle Impfwirkung tritt erst zwei bis vier Wochen nach der Impfung ein.

Regelmäßige Wurmkur

Erwachsene Katzen mit Auslauf alle drei Monate entwurmen, reine Wohnungskatzen einmal jährlich. Wurmkuren bei Jungkatzen zwischen 2. und 12. Lebenswoche wöchentlich, danach wie bei erwachsenen Tieren. Beim Impfen sollten Katzen wurmfrei sein.

Die gefährlichsten Infektionskrankheiten

Katzenschnupfen. Symptome: Schleimhautentzündung mit Niesen, Ausfluss aus Nase und Augen, Atemprobleme, Fieber, Appetitmangel, Geschwüre, Lungenentzündung. Übertragung: Ansteckung von Katze zu Katze durch Niesen, Husten und Speichel. Prognose: heilbar; gefährlich für Jungkatzen und geschwächte Tiere. Impfung wichtig. Es besteht keine Gefahr für den Menschen.

Katzenseuche. Symptome: Fieber, Durchfall, Erbrechen, Nahrungsverweigerung. Übertragung: direkte Ansteckung von Katze zu Katze, aber auch indirekt über Gegenstände, die mit kranken Katzen in Berührung kamen. Prognose: häufig tödlich. Impfung wichtig. Es besteht keine Gefahr für den Menschen.

Leukose (FeLV). Symptome: Schwäche, Müdigkeit, Abmagerung, Fieber. Sekundärinfektionen: Darm, Zahnfleisch, Abszesse. Übertragung: von Katze zu Katze durch Lecken, Bisse und über die Toilette. Virus-Träger können über Jahre symptomfrei sein. Prognose: nach Krankheitsausbruch tödlich. Impfung wichtig. Es besteht keine Gefahr für den Menschen.

Pfoten-Test: herzhafte Aufforderung zum spannenden Kampfspiel.

Impfplan für die Gesundheitsvorsorge

Lebensalter	Katzen-schnupfen	Katzen-seuche	Leukose	FIP	Tollwut
9. Woche	●	●			
12. Woche	●	●	●		●
16. Woche			●	●	●
20. Woche				●	

Kombinationsimpfungen: in der 9. Lebenswoche gegen Katzenschnupfen und Katzenseuche, in der 12. Woche gegen Katzenschnupfen, Katzenseuche und Tollwut. Wiederholungsimpfungen (Auffrischungsimpfungen) jährlich mit Kombinationsimpfung gegen Katzenschnupfen, Katzenseuche und Tollwut (je nach Impfstoff gegen Katzenseuche jährlich oder alle zwei Jahre).

Bauchfellentzündung (FIP). Symptome: Fieber, Müdigkeit, Appetitverlust, aufgeblähter Bauch. Übertragung: von Katze zu Katze, meist im Alter zwischen einem halben und vier Jahren. Oft verzögerter Krankheitsausbruch. Prognose: Behandlung nicht möglich. Impfung wichtig. Es besteht keine Gefahr für den Menschen.

Tollwut. Symptome: Krämpfe, Speichelfluss, Gleichgewichtsstörung, Lähmung, Aggressivität. Übertragung: von Tier zu Tier. Prognose: tödlicher Verlauf. Behandlung verdächtiger Tiere ist nicht gestattet. Impfung wichtig. Tollwut ist auf den Menschen übertragbar.

Katzenaids (FIV). Symptome: Immunschwäche, Fieber, Appetitmangel, Sekundärinfektionen. Übertragung: durch Kontakt von Katze zu Katze (meist Bisse). Prognose: Heilung nicht möglich. Gegen Katzenaids gibt es keinen Impfschutz. Keine Übertragung auf den Menschen.

Aujeszkysche Krankheit. Symptome: Schluckbeschwerden, Unruhe, Lähmung, extremer Juckreiz. Übertragung: Infektion durch rohes Schweinefleisch. Prognose: rascher Tod. Verzicht auf Verfütterung von rohem Schweinefleisch schützt vor Erkrankung. Es besteht keine Gefahr für den Menschen.

Die häufigsten Katzenkrankheiten

Magen und Darm. Plötzlicher Futterwechsel, zu heiße oder kalte Nahrung, Milch und Mangelernährung rufen Verdauungsstörungen, Durchfall oder Erbrechen hervor. Magen-Darm-Probleme können Symptome ernster Erkrankungen sein. Bei jungen Katzen sind Würmer häufigste Durchfallursache. Leichten Durchfall mit Wasser oder Schwarztee bei vorübergehendem Futterentzug (höchstens einen Tag lang!) behandeln. Bei anhaltenden Beschwerden Tierarzt aufsuchen. Falsche Ernährung und fehlende Bewegung können zu Verstopfungen führen. Abhilfe: ballaststoffreiches Futter, viel Bewegung, Bauchmassage.
Augen und Nase. Deutlich sichtbare dritte Augenlider sind oft ein erstes Krankheitssymptom. Übermäßiger Tränenfluss kann rassebedingt sein (Perser, Kartäuser), aber auch auf Bindehautentzündung hinweisen. Die Katzennase ist ein Gradmesser der Gesundheit: Sie sollte kühl und trocken sein.
Fell und Haut. Kreisrunde Kahlstellen im Fell deuten auf Pilzbefall hin, Haarausfall mit geröteter und schuppiger Haut auf Dermatitis. Hautausschläge und Ekzeme können Folge allergischer Reaktionen auf Reizstoffe oder Nahrungsmittel sein. Parasiten siedeln sich bevorzugt in Fell und Haut an.

Die Katzen-Apotheke

- Schere mit abgerundeter Spitze
- Pinzette
- Elastische Binden, 5 und 10 cm breit
- Watte, eventuell auch Polsterwatte
- Abdeckgaze für Wunden
- Fieberthermometer, am besten digital
- Desinfektionsmittel. Phenol- und jodhaltige Produkte sind für Katzen gefährlich! Lassen Sie sich vom Tierarzt beraten.
- Vaseline. Zum Schutz der Pfoten und zum Einfetten des Fieberthermometers.
- Antiseptische Waschlösung
- Für die Versorgung im Notfall ist eine Decke wichtig.

Tipp

Wann kastrieren? Weibliche Katzen werden zwischen dem 7. und 9. Monat geschlechtsreif, Kater mit 8 bis 11 Monaten. Kastriert werden die meisten Kätzinnen nach der ersten Rolligkeit, Kater kurz vor Erreichen der Geschlechtsreife. Tierärzte plädieren heute sogar für einen früheren Eingriff.

Zähne. Karies und Zahnstein müssen vom Tierarzt behandelt werden. Feste Nahrung (Trockenfutter oder spezielle Knabberkost zur Zahnreinigung) ist neben dem gewohnten Dosenfutter die beste Prophylaxe gegen Zahnbeläge.

After. Bei Wurmbefall und Analbeutelentzündung rutschen Katzen oft mit dem Hinterteil über den Boden, um den Juckreiz zu lindern. Den Tierarzt aufsuchen!

Keine Chance für Schmarotzer

Flöhe. Befallene Tiere kratzen sich häufig. Nachweis: Katze auf weiße Fläche stellen und Fell ausbürsten. Flohkot fällt in Form dunkler Pünktchen auf die Unterlage. Bekämpfung: Sogenannte „Spot-on"-Präparate, die auf die Haut der Katze aufgetragen werden (beim Tierarzt erhältlich).

Ohrmilben. Häufiges Kratzen am Ohr und ständiges Kopfschütteln deuten auf Ohrmilben. Die Reinigung des Gehörgangs ist Sache des Tierarztes. Ohrmilben verursachen Krusten und Schuppen, vor allem an Kopf und Ohren der Katze.

Zecken. Für Katzen stellen Zecken meist kein Gesundheitsrisiko dar (ganz anders als für den Menschen). Zeckenzeit ist von März bis Oktober. Aus der Haut entfernen lassen sich die lästigen Schmarotzer am besten mit einer speziellen Zeckenzange, die im Zoofachhandel erhältlich ist.

Die Kastration

Die Kastration unterbindet den Sexualtrieb der Katze mit allen Begleiterscheinungen (wie zum Beispiel Unruhe, Futterverweigerung, lautes Schreien, Markieren und Streunen), schützt vor unerwünschtem Nachwuchs und stärkt die Bindung an Mensch und Haus. Negative Auswirkungen sind nicht zu befürchten. Leben Kätzin und Kater unter einem Dach, sollten sie unbedingt rechtzeitig kastriert werden (→ Tipp, oben links). Das gilt auch für Bruder und Schwester.

Muss Liebe schön sein! Katzen, die sich mögen, pflegen sich auch gegenseitig.

Spiele, die fit halten

Katzen spielen ein Leben lang und für ihr Leben gern. Spiel und Sport schärft die Sinne, hält fit und beweglich und ist das perfekte Training für die Jagd. Gutes Katzenspielzeug fordert gleichermaßen Körper und Köpfchen und verführt immer wieder aufs Neue zum Spielen.

Schiff ahoi!

Angeln

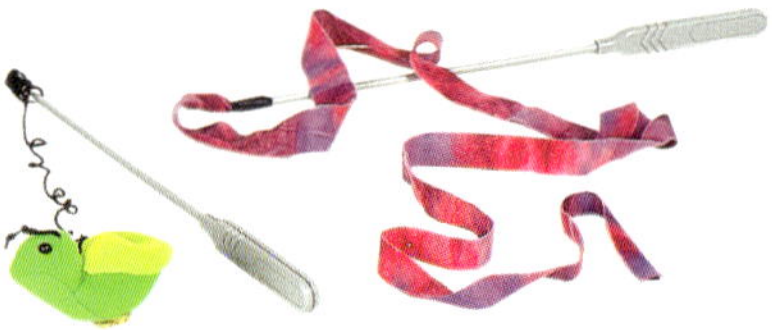

Weitsprung

Katzen leben in der dritten Dimen sion, Hoch- und Weitsprünge gehören zu ihrem Alltag. Und auf de Jagd sichert der Zielsprung den Beuteerfolg. Im katzengerechten Zuhause, das ihnen Hochsitze und Aussichtsplattformen anbietet, können die Wohnungstiger ihre Sprungtechnik verfeinern.

Play'n Scratch

Gutes Spielzeug testet Kondition und Fitness und hält alle Sinne wach: Auf dem Kratz-Pad kann man nach Herzenslust die Krallen wetzen und der rollenden Kugel hinterherjagen. Das Innere einer geheimnisvollen Kartonburg reizt garantiert den schlaffsten Sofatiger zur Entdeckungstour.

Raschelrolle

Balanceakt

Katzen bewegen sich mit traumwandlerischer Sicherheit auf kaum pfotenbreiten Laufflächen und sind absolut schwindelfrei. Der Balanceakt auf dem Hochseil ist eine leichte Übung. Vor Abstürzen sind aber auch Katzen nicht gefeit. Der Balkon muss daher mit einem Katzennetz gesichert sein.

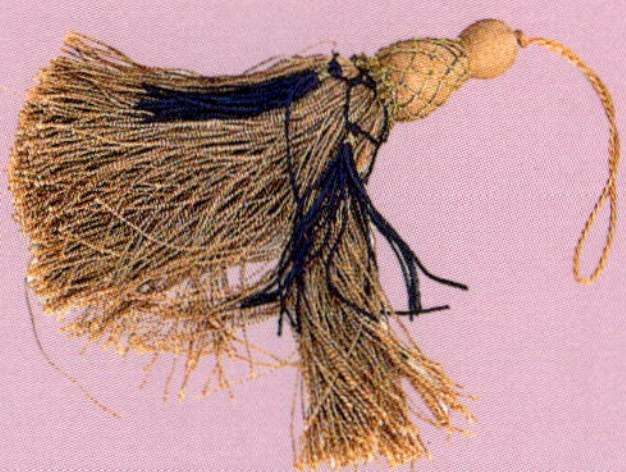

Fang mich!

Angelspiel

Ihren wilden Verwandten sichern Gewandtheit und schnelle Reaktion das Überleben, für wohlbehütete Hauskatzen ist der Geschicklichkeitstest nur noch ein Spiel. Das aber macht Spaß ohne Ende. Die im Türrahmen aufgehängte Angel mit Federwedel als Beute wird einer Katze nie langweilig.

Leichte Beute

Katzentraum

Maus & Lichtstrahl

Katzen haben Mäuse zum Fressen gern. Und zum Spielen ganz besonders, wenn das Spielmäuschen intensiv nach Katzenminze duftet, die alle Sinne berauscht. Fang den Lichtstrahl! Auf der Jagd nach dem Licht bleiben Ihre Katzen nicht nur fit, sondern haben auch viel Spaß.

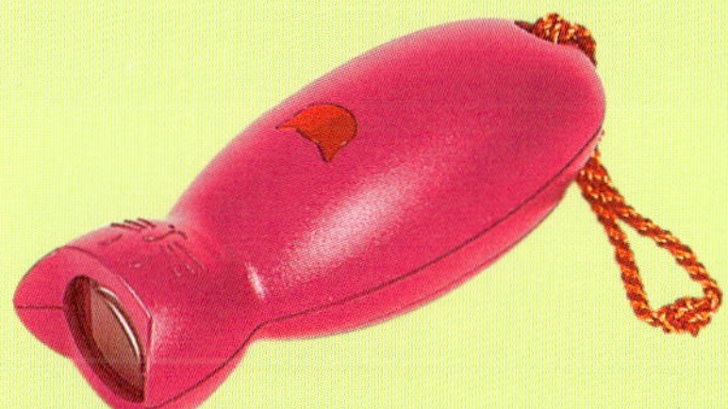

Lichtspiel

p r r r r r
r p r r r r p
r r r r p r r r
p r r r r r r r r
p r r

Geheimnisse

des Katzenlebens

Die Katze hat viele Gesichter. Obwohl wir seit Tausenden von Jahren mit ihr zusammenleben, ist sie uns ein Rätsel geblieben. Wir sehen in ihr die eigenständige Einzelgängerin und entdecken verblüfft ihre soziale Verträglichkeit und die Bereitschaft zur Integration.

Begnadete Körper

Katzen beherrschen ihren Körper perfekt – beim Laufen, Springen, Klettern, Balancieren und sogar im freien Fall.

Laufen. Katzen machen nur Tempo, wenn es nötig ist. Bei ihren raumgreifenden Galoppsprüngen und blitzschnellen Richtungsänderungen haben selbst laufstarke Verfolger das Nachsehen. Die normale Gangart der Katze ähnelt jedoch eher einem zielgerichteten Schlendern.

Springen. Zielgenau auf die Beute, in weiten Sätzen über die Straße, hinauf auf eine Mauer, zurück zum Boden – Springen ist Katzenalltag. Die muskulösen Hinterbeine liefern Schub, der Schwanz ist Steuer, das stereoskopische Sehvermögen garantiert punktgenaue Landung.

Klettern. Katzen leben in der dritten Dimension: Sitzwarten und Aussichtspunkte in Revier und Haus sind ein Muss. Beim Klettern profitieren Katzen von einer anatomischen Besonderheit: Bei vielen Säugetieren ist das Schlüsselbein die starre Verbindung von Schulterblatt und Brustbein, bei reinen Lauftieren wie dem Hund hingegen fehlt es völlig. Das Schlüsselbein der Katze hat eine Sonderstellung: Es ist rückgebildet und elastisch in Sehnen eingela-

Keine Spur von Eigensinn

Bei ihren Pirschgängen hatte Pia stets darauf geachtet, dass die Artgenossen auf Distanz blieben. Jetzt war der junge Kater in die Familie gekommen. Und was niemand geglaubt hatte: Pia kümmerte sich liebevoll um den Kleinen und hatte ihn offensichtlich schnell ins Herz geschlossen.

gert. Das erlaubt ihr große Sprünge wie ein Lauftier, gleichzeitig aber kraftvolles Umklammern des Baumstamms, was sonst nur Tiere mit Schlüsselbein können. Die einziehbaren Krallen dienen beim Aufstieg als Steigeisen. Aber auch Kletterkünstler fallen manchmal vom Himmel: Bis zur Meisterschaft brauchen Jungkatzen viel Praxis – vor allem beim Abstieg.

Balancieren. Katzen laufen nicht – wie etwa der Mensch – auf der Fußsohle, sondern nur auf den Zehen. Wenn gleichmäßige Gewichtsverteilung gefragt ist, können sie die Hinterbeine aber auch wie Sohlengänger aufsetzen.

Stammhalterin: Katzen sind zum Klettern geboren – aber der Abstieg will gelernt sein.

Fallen. Im freien Fall dreht die Katze ihren Körper und landet mit den Füßen voran. Vorausgesetzt, es bleibt Zeit für die Luftrolle. Gelingt das nicht, sind die Verletzungen oft schwerer als beim Fall aus großer Höhe. Laut einer New Yorker Statistik erreichten viele Katzen, die aus Wolkenkratzern fielen, nahezu unbeschadet die Erde. Verantwortlich für den gebremsten Fall ist das Katzenfell. Es umgibt den Körper wie ein zwei Nummern zu groß geratener Mantel und bläht sich beim Sturz ähnlich einem Fallschirm auf.

Im Reich der Sinne

Ihre Augen machen die Nacht zum Tag, ihre Ohren nehmen selbst leisestes Mäusetrippeln wahr, ihr Tastsinn registriert Hindernisse fast berührungsfrei.

Augen, die Licht leuchten lassen. Das Katzenauge passt sich den Lichtverhältnissen an. Je nach Lichteinfall und -stärke verändert sich die Pupille von voller Öffnung in Dämmerung und Nacht zum schmalen Schlitz im Sonnenlicht. Seine Leistungsfähigkeit beweist das Auge der Katze im

Tiefflieger: Die Muckis in den Hinterbeinen machen mächtige Sätze möglich.

Fastdunkeln. Eine Gewebeschicht hinter der Netzhaut verstärkt und reflektiert einfallendes Licht und lässt das Auge aufleuchten. In der Dämmerung sehen Katzen sechsmal besser als wir. Am schärfsten im Bereich von zwei bis sechs Metern.

Ohren, die Gras wachsen hören. Weder Mensch noch Hund erreichen das Hörvermögen einer Katze. Die Katze nimmt Schwingungen bis zu 70 000 Hertz wahr, unsere Obergrenze liegt bei 18 000. Ganz Ohr für Hochfrequenzlaute zu sein, bringt der Katze handfeste Vorteile bei der Beuteortung: Mäuse sind nämlich richtige Plappermäuler, die wispernd und fiepend Stimmfühlung miteinander halten.

Und ewig bleibt die Sphinx: In den Katzenaugen liegen alle Rätsel der Tierwelt.

Die Ohrmuscheln der Katze funktionieren wie Richtantennen, mit denen sie jede Geräuschquelle exakt lokalisieren kann.

Selbst blinde Katzen jagen erfolgreich – allein mit Gehör und Tastsinn.

Tasthaare, die mehr als tasten. Der Schnurrbart, die langen Einzelhaare auf den Backen, am Kinn und über den Augen sind Haare der besonderen Art. Mit diesen sogenannten Vibrissen kann die Katze fühlen und tasten, Entfernungen und Luftdruckunterschiede messen. Ohne direkten Kontakt zum Hindernis ermittelt der abgespreizte Schnurrbart die Breite eines Schlupflochs. Wahrscheinlich registrieren die Schnurrhaare dabei feinste Luftdruckunterschiede und Luftwirbel, wie sie an jedem festen Körper auftreten. Auch beim Beutefang spielt der Schnurrbart eine Rolle: Wie ein Handschuh legt er sich ums Opfer und kontrolliert dessen Position. Die Stirnhaare schließlich lösen schon bei leichter Berührung das Schließen der Augen aus und schützen so vor Verletzung.

1

Miau und andere Worte

Katzen sprechen zwei Sprachen: Kätzisch für Katzen und Kätzisch für Menschen. Katzen können heulen, brummen, fauchen, spucken, grollen, schreien, keckern oder gurren. Laute, die der Mensch selten zu hören bekommt. Mit ihm spricht die Katze in ihrer Kindersprache, die beste Methode, um sich Zuwendung und Versorgung zu sichern. Das vermeintlich katzentypische „Miau“ gilt nur uns, untereinander benutzen es Katzen kaum.

1 Gesichter der Katze: Hellwach, erstaunt und leicht irritiert.

2 Ein Augen-Blick, der Bände spricht: „Lecker, gibt's noch Futter?"

3 Rühr mich nicht an! Wem immer der missmutige Blick gilt, er hat verspielt.

4 Böse Katze: Zur typischen Abwehrmimik kommt noch das Fauchen.

Typisch Katze!

Nur wer die typischen Verhaltensweisen seiner Katze kennt, registriert auch Verhaltensänderungen. Die sind nicht selten erste Symptome körperlicher oder seelischer Probleme.

Jagen. Das Beutefangverhalten der Katze ist eine angeborene Handlungsweise, die immer nach gleichem Schema abläuft. Dazu gehören Anschleichen, Anspringen, Ergreifen und Spielen mit der Beute, Töten, Schütteln, Wegtragen und Fressen. Ausgelöst wird der Jagdtrieb von kleinen Objekten, die sich von der Katze wegbewegen – auch mit der Spielmaus bringt man die Jägerin auf Trab.

Für Kätzchen heißt es „Learning by doing": Die Katzenmutter ist eine geduldige Lehrmeisterin und schleppt auch regelmäßig „Übungsmaterial" herbei.

Spielen. Katzen spielen ein Leben lang. Das unterscheidet sie von den meisten

Tipp

Mäuse am Morgen. Stolz bringen manche Katzen sie bis ans Bett: Mäuse als Morgengabe sind ein Zeichen von Zuneigung und Vertrauen. Bitte schimpfen Sie jetzt nicht, sonst versteht Ihre Katze die Welt nicht mehr. So geht's: Katze mit Leckerbissen oder Spielzeug ablenken und das Mäuschen still und heimlich entsorgen.

anderen Tieren. Spielen ist die Probe für den Ernstfall. Schon Kätzchen trainieren die Attacke auf die Beute, messen Kraft und Geschicklichkeit im Kampfspiel, üben sich in Angriff, Verteidigung und Flucht. Für den Katzenbesitzer ist gemeinsames Spiel das beste Rezept für die intensive Beziehung zu seinen Tieren.

Schlafen. Ihr Schlafbedürfnis ist rekordverdächtig: 16 bis 18 Stunden verschlafen Hauskatzen täglich. Der lange Schlaf liefert Energie für wilde Spiele und anstrengende Jagdausflüge. Natürlich träumen Katzen auch. Mäusefrei ist das Katzentraumland sicher nicht.

Zeit zum Schlafengehen: Katzen können herzhaft gähnen.

Lieben. Katzenliebe ist laut und ruppig. Liebestolle Kater schreien sich die Seele aus dem Leib und prügeln sich heftig mit der Konkurrenz, die Damen wehren zudringliche Freier mit derben Pfotenhieben ab und selbst der Auserwählte wird sofort nach der Paarung vertrieben. Liebeskranke Katzen können dem Menschen den letzten Nerv rauben und nutzen jede Gelegenheit zum Streunen. Allein die Kastration stoppt das Leid der Liebeslust.

Schmusen. Katzen brauchen Körperkontakt. Die Nähe geliebter Menschen und

Die häufigsten Verhaltensstörungen

Wenn Katzen Probleme machen, sind sie meist mit ihren Lebensbedingungen nicht zufrieden. Aber auch Krankheit kann zur Verhaltensänderung führen.

➤ **Unsauberkeit**

Symptome: Das Geschäft wird an verschiedenen Plätzen im Haus verrichtet.
Ursachen: verschmutzte Toilette, falscher Standort, ungeeignete Streu, Störung beim Toilettengang, Verwendung von Reinigungsmitteln, fehlende Zuwendung, häufiges Alleinsein.
Therapie: Toilette regelmäßig reinigen, Standort oder Einstreu wechseln, Löseplätze zeitweilig abdecken. Mehr Zuwendung.

➤ **Futterprobleme**

Symptome: Zeitweise oder völlige Futterverweigerung, aber auch Fresssucht.
Ursachen: Bei Futterverweigerung: Wechsel der Futtermarke, Trauer bei Trennung von Bezugsperson, Verwirrung nach Umzug, Eifersucht (Baby, Katze, Hund), Dominanz durch Artgenossen. Bei Fresssucht können die Ursachen Futterneid, oft aber auch Krankheit (Würmer, Diabetes, Hormonstörungen) sein.
Therapie: Bei Verweigerung gewohnte Futtermarke anbieten, viel Zuwendung, bei Dominanzproblemen getrennt füttern. Bei Fresssucht getrennt füttern (Futterneid), Diät, Verzicht auf Leckerbissen, am besten den Tierarzt hinzuziehen.

➤ **Streunen**

Symptome: Katze bleibt längere Zeit (oft mehrere Tage) außer Haus.
Ursachen: Revierverteidigung, Suche nach Geschlechtspartnern, Betreuung und Fütterung durch Nachbarn.
Therapie: Kastration, Nachbarn um Fütterungsstopp bitten.

➤ **Aggressivität**

Symptome: Katze kratzt und beißt, wehrt sich gegen Nähe und verkriecht sich.
Ursachen: Eifersucht, fehlende Zuwendung, häufiges Alleinsein, Verlust gewohnter Rechte, Umzug.
Therapie: Zuwendung, geregelter Tagesablauf, Spiel- und Schmuseangebote.

Artgenossen gibt Wärme, Schutz und Sicherheit. Zuwendung wird durch Köpfchengeben, Pfotenstupsen und Flankenreiben eingefordert.

Mutterkatze Mensch

Im Zusammenleben mit dem Menschen hat die Katze ihre soziale Verträglichkeit entdeckt. Wir sind die wichtigsten Sozialpartner für sie. Der Grundstein dieser außergewöhnlichen Beziehung wird zwischen der zweiten und siebten Lebenswoche des Kätzchens gelegt. Katzenkinder, die jetzt positive Kontakte zum Menschen aufbauen, bewahren sich die Zuneigung zeitlebens. Der Mensch übernimmt die Rolle der Mutterkatze, die Gefahren fernhält und für Schutz und Nahrung sorgt.

Warum sich Katzen gut vertragen

Hauskatzen leben unter besonderen Bedingungen: Sie müssen keine Aufgaben übernehmen, nicht vor Feinden auf der Hut sein (Nachbars Terrier ausgenommen) und sich keine Gedanken ums tägliche Futter machen. Wer sorgenfrei den Tag genießen kann, muss auch nicht erwachsen werden. Und so bleiben Hauskatzen ein Leben lang liebenswerte, verspielte, schmusebedürftige, manchmal auch quengelnde Babys. Das zeigt sich in der Kindersprache, die sie uns gegenüber benutzen, aber auch in vielen kindlichen Verhaltensweisen. Das Babyverhalten sorgt auch für die Verträglichkeit untereinander: Man balgt sich gern und häufig und spielt wilde Spiele, aber nur selten wird aus dem Spiel Ernst. Wie seinerzeit in der Wurfkiste schläft man gemeinsam im Katzenkorb, frisst aus einem Napf, putzt und leckt sich gegenseitig das Fell. Einzig Eifersucht kann die Harmonie im Katzenparadies stören.

Tipp

Ein Butler fürs Futter. Wer Fütterungstermine häufig verschwitzt, riskiert Ärger. Futterautomaten lösen das Problem: Sie halten das Futter kühl und geben es zur vorgewählten Zeit frei. Da auch bei Katzen die Liebe durch den Magen geht, ersetzen sie den fütternden Menschen natürlich nicht.

Gemeinschaft fördern!

Katzenhöhlen. Jede Katze hat Lieblingsplätze, wo sie von Mensch und Mitkatze nicht gestört werden will. Katzen sind „Höhlentiere“: Am sichersten fühlen sie sich in Kisten, Körben oder Koffern, von denen aus man alles beobachten kann.

Dritte Dimension. Speziell für zwei Katzen sollten mehrere erhöhte Liege- und Aussichtsplätze eingerichtet werden. Höhe bietet Sicherheit: Bei Streitereien zieht sich die unterlegene Katzen hierhin zurück und kann sich gegen Attacken besser wehren. Einfachste Variante: ein Kratzbaum mit Liegeplätzen und Kuschelhöhlen.

Fütterungsstrategien. Viele Katzen fressen gemeinsam aus einem Napf. Getrennt füttern sollte man, wenn eine Katze dabei zu kurz kommt (weil sie bedächtiger frisst oder von der anderen weggeschoben wird). Kontrolliert eine dominante Katze beide Futternäpfe, muss in verschiedenen Zimmern gefüttert werden.

Spielzeug für jeden. Kaufen Sie gleich mehrere Exemplare von Spielball, Fellmaus und anderem Spielzeug. Das verhindert Streit. Katzen, die miteinander spielen, mögen sich. Typische Freundschaftsgeste: den Schwanz über den Rücken der Mitkatze legen.

Haus der offenen Türen. Wenn Ihre Katzen alleine zu Hause bleiben müssen, sollten sie viel Bewegungsraum haben. Lassen Sie daher möglichst alle Zimmertüren offen. Je nach Laune können sich die beiden Katzen dann auch einmal aus dem Weg gehen.

Ordnung ist das halbe Katzenleben

Katzen sind Pedanten. Veränderungen ihres Tagesablaufs mögen sie nicht. Zum geregelten Stundenplan gehören: feste Essens- und Siestazeiten, der Pirschtermin durchs Revier, verlässliche Heimkehr des Besitzers von der Arbeit, die abendliche Spiel- und Schmusestunde.

Auch in Bezug auf vertraute Personen und die Wohnungseinrichtung ist Gewohnheit Trumpf: Hausfrauen, die sich durch Möbelrücken fit halten, machen sich bei ihren Katzen unbeliebt, jede Veränderung der Familienstruktur löst – je nach Naturell der Katze – Verwirrung, Verweigerung, Aufsässigkeit oder Aggressivität aus.

Mama ist das beste Ruhekissen: Wir zwei wollen jetzt nicht gestört werden.

Was Katzen sich zu sagen haben

Eine Katze weiß genau, was eine Katze will. Wenn Katzen miteinander reden, steht ihnen ein gewaltiger „Wortschatz" zur Verfügung: Sie verständigen sich mit unzähligen Nuancen ihrer Körper- und Lautsprache und lassen die Artgenossen nie über ihre Ansprüche und Stimmungen im Ünklaren.

Aaaattacke!

Angriff

Beim spielerischen Zweikampf zwischen Wurfgeschwistern geht es oft erschreckend wild zu. Keine Angst: verletzt wird niemand. Ganz anders, wenn sich die Kätzin aufdringliche Kater vom Leib halten will: Da droht man hetfig fauchend und wehrt sich mit herz- und schmerzhaften Krallenhieben.

Zärtliche Wäsche

Bei der Katzenmutter, die ihre Kinder hingebungsvoll leckt, ist die „Wäsche" auch für die Gesunderhaltung der Kleinen wichtig. Verwandte und befreundete Katzen können ihre Zuneigung auf vielerlei Weise zeigen. Ein ganz besonderer Liebesbeweis ist die gegenseitige Körperpflege.

Geborgen

Eine Katzenmutter kümmert sich hingebungsvoll und rund um die Uhr um ihren Nachwuchs. Die Kuschelnähe von Mutter und Kind spendet Wärme und signalisiert Zuneigung und Geborgenheit. Mit leisem Schnurren versichert man sich gegenseitig, dass alles wunderbar und völlig in Ordnung ist.

Kampfspiele

Vor allem bei halbwüchsigen Katzen gehören Kampfspiele zum Tagesprogramm. Vom Imponieren und Drohen bis zu Angriff und Nackenbiss probt man spielerisch alle Kampf- und Jagdtechniken. Wenn es besonders heftig zur Sache geht, kann aus Spiel auch schon mal Ernst werden.

Betteln und Begrüßen

Katzenkinder können hartnäckig sein, wenn sie sich etwas in den Kopf gesetzt haben. Nicht immer ist Mama dann von ihren aufdringlichen Kids begeistert. Vorsichtiges Nase-an-Nase-Beschnuppern gehört zum festen Ritual, wenn sich zwei fremde Katzen unversehens über den Weg laufen.

Hallo, Papa!

Schnupperkontakt

Was kostet die Welt? Junge Katzen wollen ihren Lebensraum entdecken und sind an allem und jedem interessiert. Da lässt man sich auch überhaupt nicht einschüchtern, wenn der Herr Papa eigentlich lieber seine Ruhe hätte und ganz schön unwillig auf den naseweisen Youngster reagiert.

Register

Die **halbfett** gesetzten Seitenzahlen verweisen auf Abbildungen.

Adressen

Verein Deutscher Katzenfreunde e.V.
Postfach 740924,
22099 Hamburg

Deutscher Edelkatzenzüchterverband (1. DEKZV)
Berliner Straße, 35614 Aßlar
Internet: http://www.dekzv.de

Deutsche Rassekatzen Union e.V. (DRU)
Hauptstraße 56,
56814 Landkern
Internet: http://www.DRU.de

Österreichischer Verband für die Zucht und Haltung von Edelkatzen (ÖVEK)
Liechtensteinstr. 126, 1090 Wien

Fédération Féline Helvetique (FFH)
Denise Kötz, Solothurnerstr. 83,
4053 Basel, Schweiz
Internet: http://www.ffh.ch

Deutscher Tierschutzbund e.V.
Baumschulallee 15, 53115 Bonn
Internet: http://
www.tierschutzbund.de

Zeitschriften

Whiskas® Katzenwelt
Erscheint viermal im Jahr kostenlos bei Whiskas®
Betreuungs-Service, Postfach 6808,
76048 Karlsruhe, Tel. 01805/300311
Internet: http://www.whiskas.de

Ein Herz für Tiere
Gong Verlag, Nordendstraße 64,
80801 München
Internt: http://www.herz-fuer-tiere.de

Geliebte Katze
Gong Verlag, Nordendstraße 64,
80801 München
Internet: http://www.geliebte-katze.de

die edelkatze
Illustrierte Fachzeitschrift für Katzenfreunde. Verbandszeitschrift des DEKZV, Berliner Straße 13,
35614 Aßlar

katzen
Herausgeber: Deutsche Rassekatzen-Union e. V. (DRU),
Hauptstraße 56, 56814 Landkern

Der Autor

Der Zoologe und Journalist Dr. Gerd Ludwig war Chefredakteur der Zeitschrift „Das Tier“. Er ist Verfasser freier Reportagen zu den Themenbereichen Tier und Natur, Medizin und Kunst und Autor mehrerer Ratgeberbücher über Hunde und Katzen, vornehmlich für den Gräfe und Unzer Verlag.

Die Fotografin

Monika Wegler gehört zu den besten Heimtierfotografen Europas. Sie arbeitet außerdem als Journalistin, Tierbuch-Autorin, züchtet Abessinierkatzen und lebt mit sieben Samtpfoten zusammen.
Die folgende Aufnahmen dieses Ratgebers stammen von ihr:
Seite 2, 3, 4, 5, 6, 8 li., 12, 13 (außer u..mi.), 14, 15, 16, 19, 22, 23, 24, 25, 26, 29, 31, 34, 35, 37, 38, 39, 40, 41, 43, 44, 47, 48, 49, 51, 52, 53, 54, 55, 58, 60, 62, 63, 64, 65, 67, 68, 69, 70 li., 74, 75;
Whiskas®: Seite U1, 1, 7, 8 re., 11, 13 u.mi., 17, 18, 20, 21, 27, 28, 30, 33, 42, 50, 56, 57, 61, 66, 70 re., 73, U4.

Ein Dankeschön an

Frau Barbara Ehrl, die für die Fotoproduktion Katzenausstattung zur Verfügung stellte („Katzenoase“, Georgenschwaigstraße 1, 80807 München, e-mail: Katzenoase@t-online.de).

Wenn Sie Fragen oder Anregungen haben, dann können Sie sich selbstverständlich auch direkt an unseren Partner wenden:

Whiskas®
Masterfoods GmbH
Kundentelefon: 01805/300311
Internet: http://www.whiskas.de

Impressum

Redaktionsleitung: Anita Zellner
Redaktion: Gabriele Linke-Grün
Umschlaggestaltung und Layout: Henning Bornemann
Projektleitung Whiskas® (Masterfoods GmbH): Margrit Kolbe-Hopp
Herstellung: Susanne Mühldorfer
Satz: Cordula Schaaf
Reproduktion: Penta, München
Druck: Appl
Bindung: Monheim

Printed in Germany
ISBN 3-7742-5389-7

Auflage: 4. 3. 2. 1.
Jahr: 04 03 02 2001

Das Original mit Garantie

Ihre Meinung ist uns wichtig. Deshalb möchten wir Ihre Kritik, gern aber auch Ihr Lob erfahren. Um als führender Ratgeberverlag für Sie noch besser zu werden. Darum: Schreiben Sie uns! Wir freuen uns auf Ihre Post und wünschen Ihnen viel Spaß mit Ihrem GU-Ratgeber.
Unsere Garantie: Sollte ein GU-Ratgeber einmal einen Fehler enthalten, schicken Sie uns bitte das Buch mit einem kleinen Hinweis und der Quittung innerhalb von sechs Monaten nach dem Kauf zurück. Wir tauschen Ihnen den GU-Ratgeber gegen einen anderen um.

Ihr Gräfe und Unzer Verlag
Redaktion Heimtier
Stichwort: Whiskas® Katzenratgeber
Postfach 860325
81630 München
Fax: 089/4 19 81-113
e-mail:
leserservice@graefe-und-unzer.de

WHISKAS® KATZENRATGEBER

damit Ihre Katze sich wohl fühlt

ISBN 3-7742-5388-9
80 Seiten

ISBN 3-7742-5391-9
80 Seiten

ISBN 3-7742-5390-0
80 Seiten

ISBN 3-7742-5389-7
80 Seiten

Die Welt der Katzen entdecken und alles erfahren, was man schon immer über die kleinen Tiger wissen wollte! So klappt das harmonische Zusammenleben von Mensch und Katze von Anfang an.

WEITERE LIEFERBARE TITEL BEI GU:

- AUS LIEBE ZUM TIER: Meine Katze und ich
- MEIN HEIMTIER: Die Katze
- TIERMEDIZIN: So bleibt meine Katze gesund, Sanfte Medizin für meine Katze
- TIERE ERLEBEN: Katzen

GU

Gutgemacht. Gutgelaunt

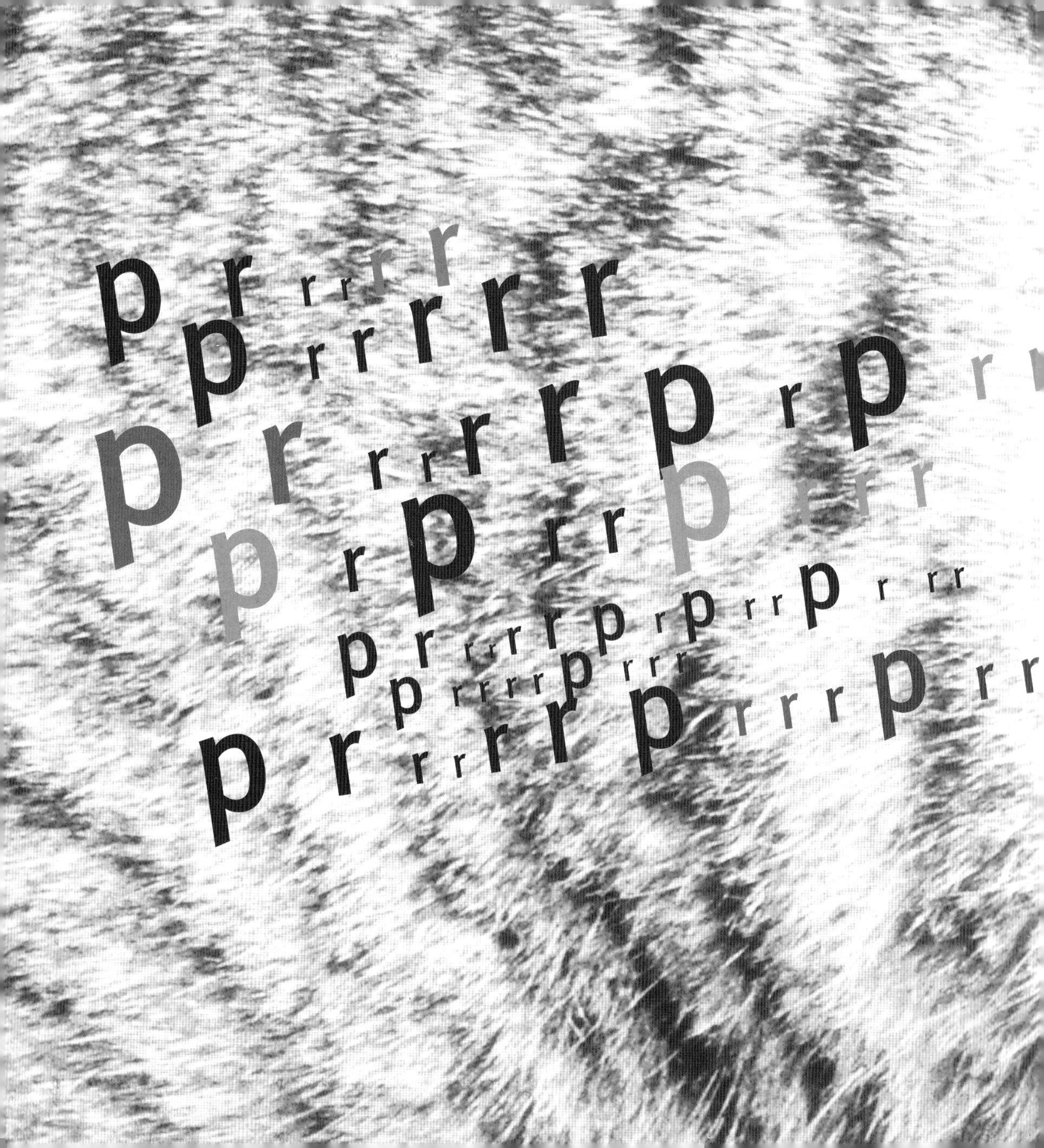